CHILD LIFE IN CHINESE HOMES

亲历中国丛书

主编：李国庆　郭又陵

QINLIZHONGGUOCONGSHU

中國家庭中的兒童生活

（英）玛丽·伊莎贝拉·布莱森◎著

邬秀英◎译　李国庆◎审校

國家圖書館出版社

出版的11种10册封面设计风格一致，2011年起设计风格做了较大调整，更加凸显了这套丛书的史料性。

揭示文献，服务学界，是我社的一贯宗旨。我们相信，通过这套丛书编译人员的共同努力，一定会把选题新、译文好的译作源源不断地奉献给读者。我们希望，这套丛书的出版，能够为国人提供审视中国近代历史的另一视角，为学界提供更为丰富的第一手历史资料。

国家图书馆出版社

2015年8月

翻译说明

本书作者 Mary Isabella Bryson，一般称布莱森夫人，跟随身为英国伦敦海外布道会（简称伦敦会）传教士的丈夫，于1876年来到中国，先后在武汉和天津传教、办学。笔者所见有关她生平的材料不多，一说她于1913年在天津去世。但是她给我们留下了不少文字，主要是有关传教士及其事业的，如 *John Kenneth Mackenzie, Medical Missionary to China*（《马根济暨医学传教在中国》）、*Fred. C. Roberts of Tientsin*（《天津路博施传》）、*The Story of James Gilmour and the Mongol Mission*（《景雅各和内蒙古传教》）、*James Gilmour and John Horden: The Story of Their Lives*（《景雅各和约翰·霍顿事略》）、*Cross and Crown: Stories of the Chinese Martyrs*（《十字架和王冠：中国殉道者的故事》）。其中马根济在天津参与开设并主持了近代中国第一所规模完整的私立西医医院和中国最早的官办西医学校，路博施则是沧州博施医院（今沧州市中心医院的前身）的创始人。所以有消息说，天津和沧州医务界都有人在翻译上述两本传记。此外还有向西方读者，尤其是少年儿童介绍中国的作品，如 *The Land of the Pigtail*（《辫子国》）、*Home-life in China*（《中国人的家庭生活》）、*Some Chinese Waifs*（《中国孤儿》）和这本《中国家庭中的儿童生活》（*Child Life in Chinese Homes*，London Religious Tract Society，1885）。

武汉是中国内陆省份中基督教新教最早传入的地区。华中地区第一间基督教礼拜堂就是由布莱森夫妇所属的伦敦会的传教士杨格非于1863年在汉口大夹街太平巷创办的。虽然《杨格非：晚清五十年》一书中对此已有介绍，但译者相信，布莱森夫人的这本书仍可以为研究基督教，尤其是伦敦会早年在武汉传教、兴学、施医诸事提供许多宝贵的参考资料，特别是那一个个栩栩如生的早期中国年轻教徒的形象，是一般材料中所少见的。作者对武汉地区风土人情的细致观察和生动描述，也可以为一般读者怀想一个多世纪前的中国社会提供线索。

李国庆

2014年6月15日

作者前言

九年前，我漂洋过海前往中国。从那时起，位于扬子江畔、距离出海口600英里的武昌府就成了我的故乡。

我刚到那里时，那些脑后甩着长辫的小男孩和裹着小脚的小女孩，在我的眼里，是多么不同寻常啊。他们在一起叽叽喳喳说个不停，声音听起来是那么陌生，我多么渴望能听懂啊。

在那里住下来不多久，我学会了用中国人自己的语言与他们交谈。我行走在狭窄的街道上，总会有一大群人跟在身后；我在城墙边的绿草坡上坐下，他们便会好奇地围上来。慢慢地，他们中有人开始造访我们开办的教会学校，成了我的老相识。

专程前来我们伦敦会武昌差会拜访我的中国儿童不计其数。有的是因为受病痛折磨，来寻医问药；有的是因为贫困交加，来寻求救助和安抚。但也不乏身强体壮、衣食无忧者，陪同朋友一同前来进行友好的拜访，以便有机会看到在“洋人”的住宅里才有的新奇物件。

我曾经与中国孩子一起住在他们山野中的小平房里，也曾经与船夫及其家属一道泛舟于中国的大江大湖上。他们中

目　录

第一部

第二部

插图目录

第一部

第一章 中国宝宝

长辫子，杏仁眼，这些与其说是一个典型的中国人的固有特征，不如说是我童年时期的想象力所描绘出来的。

我对中国人的最初了解来源于茶叶箱上的人物雕刻和瓷器上的精美图案。那些人物看上去是那么奇怪，却又是那么栩栩如生。

我常常对着那些柳树图案瓷盘①出神，上面描绘的故事让我浮想联翩。小桥流水、三个在桥上奔跑的仙人、青翠欲滴的树枝、形状奇特的小舟、小舟上摇橹的艄公，还有那两只在半空打量着整个场景的飞鸽——这一切都使我兴致盎然。从那时到现在动笔写作已经过去很长时间了，但是遥远的“中央大国”以及居住在那里的奇特的人民对我的吸引力却与日俱增，经久不衰。

多少年来，我的家就在这个国度之中；如今她几乎就跟亲爱的英格兰一样，也是我的故乡了。

---

① “柳树图案”（Willow Pattern）青花瓷，英国斯波德瓷厂（Spode）于1790年在借鉴景德镇外销青花瓷上的山水亭台纹饰的基础上设计并命名的一种瓷器。——译者注。下同。

正因为我小时候对那遥远而神奇的国度曾那样向往，我现在邀请你们与我一起在中国的大街小巷漫步，进入那些与你们的家迥然不同的房舍，听当地人带当地口音用那古老的语言讲述的故事，与命运和那片土地休戚与共的男孩女孩们交上朋友，打成一片。

我们即将开始的旅程很漫长，万里跋涉后才会到达。那是一个无比辽阔的帝国，其面积比整个欧洲大陆还要大，居住着人类大家庭中的四分之一以上的成员。

在如此巨大的国度里，当然会有各种各样的气候，其中不乏山顶终年被积雪覆盖的崇山峻岭，还有那波涛滚滚的大江巨流。在内陆，有大片大片的平原和极为壮观的水利系统。

在遥远的北方边陲耸立着中国长城，全长超过 1200 英里。它本来是一位中国皇帝为抵御鞑靼族入侵而下令修建的，却没有完成这一使命，因为现在中国的当朝皇帝就是鞑靼族人。

中国不仅幅员辽阔，也是迄今犹存的最古老的帝国。早在摩西带领以色列的子民出埃及的远古时代，中国人就已经是一支非常强大的民族，有着自己完备的法律和文献体系。大约在少年撒母耳在寂静深夜听到上帝呼唤后的第十年，中国的皇帝“文王”已经在动笔撰写至今仍然被中国人奉为经典之一、有志于科举的学生都必须铭记于心的著作了[①]。我们

① 这里应该指的是“文王拘而演周易”的典故。

的祖先还只是一群游荡在不列颠森林里的涂面野人时，中国人已经享有高度的繁荣与文明。

不过，我这会儿不想对他们所居住的国家作过多描述，而是要尽快让你们了解这片土地上成长的儿童。因为你们一旦对他们幼时的教养与情况有所了解，也就会很清楚他们日后会成长为怎样的男人和女人。

让我们从生命最初那一刻开始吧。走进一户中国人家去看看新出生的小婴儿，你会看见在粗壮结实的支架上有一只竹条编织的摇篮，他躺在里面，黄黄的小脸蛋上两只又黑又亮的眼睛正好奇地打量着你呢。

如果时值夏天，大人不会给小宝宝穿太多衣服。一件透气的薄衫就足够了。在寒冷的冬日，中国人不会烧火把房屋烘暖，因此宝宝被裹在一层又一层的小棉袄里，成了一个十足的小棉球，看上去要多怪就有多怪。他的衣服鲜艳夺目，通常是大红色，而不是英国宝宝通常穿的素净的白色。在他那胖胖的小手腕上，你会看见缠了一条红带子。在他的父母看来，这是非常重要的一件事情，如果被忽略了，会有意想不到的后果发生。如果宝宝日后调皮捣蛋不听话，通常听到的评论就是“不用说，他爹妈肯定忘了给他手腕绑红带了”。也就是说，系红带的目的，是为了让小家伙在未来的日子里温顺听话。托起他的脖子，你会看见那儿也拴了一条红带，从带子上垂下来好几种小物件，都被当作护身符，为小家伙驱邪避妖，保佑他一生平安，远离孩童时期数不胜数的意外事故。其中的几个物件是中间穿孔的小铜币。它们是中国使用的唯一货币。经过擦拭清洗后，它们被戴在宝宝的脖子上，希望能保佑他免遭肚子痛或其他婴儿期常见疾病的侵袭。有的护身符是可爱的小动物形状，有的甚至是白银制成的。但是不管是什么形状，都是小宝宝获得巨大满足的源泉。它们既能让他随意啃咬，同时又发出悦耳的金属声，他由此得到的快乐感绝不亚于珊瑚和铃铛给英国孩童带来的欢乐。宝宝长到半个月，会举行一个特别的感恩仪式，家里供奉的观音娘娘像前会摆满各种供品。

中国婴儿早期最重要的日子是满月的仪式。如果是儿子，尤其是长子，所有亲朋好友，无论远近，都会被邀请来参加为这一欢乐时刻而举行的丰盛酒席。谁都不会也不应该空手而来。因此，满月酒散席之前，便堆满了送给宝宝的各种礼物，包括银项圈、长命锁、压胜钱、红鸭蛋、蜜饯、糕点等。满月当天最重要的事情是剃满月头，为宝宝剃去胎发。在英国，做妈妈的通常忽略了这一重要职责，但英国的男孩女孩们长大后仍然满头卷发，颇令中国的奶妈们惊讶。剃满月头通常是在祖先牌位或者观音娘娘神龛前举行。宝宝柔软的胎发需要剃头匠格外小心地修剃。剃头费是不用给的，但剃头匠却发现钱并没有少挣，因为喜家心甘情愿送的礼金比剃头费要多得多。

满月酒席上，宝宝的外婆是最重要的角色，也就是上宾。如果家境富裕，她送的礼物通常非常丰厚，而且价值不菲。最重要的一件礼物是一顶鲜艳的小帽子，装饰着锦团和18个用金子、银子或铜做成的罗汉像。据说这18尊罗汉能给戴这顶帽子的小宝贝带来各种好运。

在同一天，小宝宝得到他的乳名，但这并不是说他一辈子都只用这一个名字，因为到了上学年龄时，学堂的先生会给他起一个学名。等到长大成家立业，或者科考中举后，他或许还会得到第三个名字。

这些乳名在英国人听起来可能会很不入耳。做父母的都尽量避免给孩子取一个爱心所致的雅号或冠冕堂皇的名字，以免可怕的妖魔明白孩子对父母们有多么宝贵，从而降下灾难把孩子给夺走。

所以，你经常听到孩子们被叫作“笨娃”“赖子”“跳蚤”“泥巴蛋”“狗娃”。做父母的只是希望邪魔们听到这么不入耳的名字，会认为大人们根本不把孩子们当回事，于是邪魔们自己也懒得来纠缠他们了，这样就能使孩子躲过劫难。

由于担心孩子，尤其是独子，会遭遇劫难，有的父母会选择在孩子长到八九岁前，让他们装扮成和尚，头发剃得精光。这样做，当然也是为了蒙蔽各路妖魔，好像做父母的根本不在乎这个儿子，宁愿让他去当和尚。过了八九岁后，父母觉得让人提心吊胆的阶段已经过去，他们已经成功地蒙骗了各路妖怪，如果孩子的身体仍然结实健康，衣着就可以与其他男孩无所区分了。

就如同我们下面要谈到的那样，中国的风俗与我们的相差之大，在生命伊始就显现出来了。在英国，不管出生的是男孩还是女孩，都一样受到欢迎，得到疼爱。小女孩和她的哥哥弟弟一样，都是父母的掌上明珠。但是在中国，情况则大不一样。

当孩子出生的喜讯被告知亲朋好友时，孩子的性别是最重要的内容。如果是男孩，则皆大欢喜，所有亲朋好友都会携礼物登门道贺。但是如果是女孩，父母可能会被认为更需要安慰，而不是祝贺。这时候，任何心肠软的探访者能够说的最善良的话也不过就是："唉，女娃子也能派上一些用场的！"

多数情况下，小女孩出生后，她的父母宁愿把她溺死，而不愿费神把她养大。有的母亲以这种方式弄死的孩子多达五六个。为免孩子一死，一些好心的中国人在很多大城市开办了育婴堂。女婴被父母丢弃后送到那里，然后再被送到乡村由指定的乳母抚养。每个月，这些婴儿们都会被从乡下的寄养家庭送回城里的育婴堂，进行寄养状况检视。她们由乳母陪同，有的被装在挑夫用扁担挑着的圆圆的箩筐里，那景象看上去颇为滑稽。如果婴儿脸蛋圆圆，营养良好，乳母就能得到她们应得的报酬。但是如果婴儿看上去面黄肌瘦，一副病怏怏的样子，那她们得到的报酬会大打折扣。罗马天主教会也办了很多育婴堂。新教传教士的传教会也成为收留弃婴的场所之一。传教士的妻子经常会听到门外有女婴的有气无力的哭声，原来是她们的父母虽然下不了狠心弄死孩子，却迫不及待地要把她们处置掉，于是便把她们遗弃在了教会门外的阶梯上。有时候，有男人会专门受雇，挑着一大堆婴儿走乡串户，只是为了卖掉她们以换取一些钱。我一位在福建省传教的朋友就曾经遇到过这种情形。一群婴儿被婴儿贩子兜售了一整天。其中三个又冷又饿，啼哭不止，被塞进我朋友的手里。婴儿贩子告诉她，如果她愿意把她们全买下，他会给她一个好价钱。

婴儿塔

中国婴儿死后，不会有充满爱心的人为他准备墓葬。他那小小的身体被裹在一块粗麻布里，送到城外的婴儿塔扔掉。大多数城市将婴儿塔立在城外，它们比普通的塔更低一些，没有门，只有几个小小的窗户。裹在麻布里的死婴就从这些小窗户里被扔进塔下面的坑里。如果小家伙是一个女婴，父母甚至不一定会费神去确定孩子是否还有最后一口气。在他们看来，孩子既然死了，说明这小家伙不是值得珍惜的宝贝，而是被妖魔附身的祸根，从一出生就只给父母带来焦虑和不幸。像这样的孩子早脱手早省心。

女婴也要剃满月头，但是整个过程的喜庆色彩却远远赶不上给她的哥哥或弟弟剃满月头时那么浓重。甚至她的名字也得为其兄弟服务，父母通常给她取名为“牵娣”（牵着弟弟）或者“来娣”（引来一个弟弟），希望继她之后能有一个男孩子出世。有时候，如果她是家里的第二或第三个孩子，上面有个哥哥，那她的名字可能简单到只是“大女”或者“二女”。偶尔，父母也会给她取一个更诗意化的名字，如“珠”“香”“宁”，或者花卉名，如“水仙”“百合”“玫瑰”等。

满月礼庆祝完毕后，小宝宝被第一次带出门去外婆家拜访。这时候，外婆会送给宝宝几件小礼物，每件都有吉祥的象征意义。她给宝宝喂吃不同种类、长得很快的蔬菜，希望宝宝也能同样迅速地长得又壮又结实。她还会给宝宝喂吃谷糠，象征着她的小外孙能成长为饱学之士、著名之人。宝宝长到四个月时，要学会坐在小椅子里，这样就解除了终日需母亲或保姆抱着的麻烦。小椅子上放着一些软糖，寓意着把宝宝“粘”在座位上，同时期望他会从此非常喜欢坐在里面。

宝宝在户外活动时，通常是被捆绑在保姆的背上。这种肩背婴儿的方式使得穷苦阶层的妇女在带孩子的同时也能兼顾着做一些其他家庭琐事。

中国宝宝通常都很严肃，又很有耐心，能忍受英国孩子憎恨无比的各种轻视。但是，当妈妈把他举起贴近她的脸庞、嗅他那软软的棕色小脸蛋（而不是像英国的母亲亲吻孩子那样）时，他会发出最快乐的笑声。他喜欢听妈妈用尖尖的嗓音哼“茉莉花”或者其他流行小调，喜欢拍着小手，合着妈妈念儿歌的节拍：

你拍一，我拍一，宝宝拍手做游戏。
你拍二，我拍二，妈妈和你一起玩儿。
你拍三，我拍三，画个弓儿来射箭。

宝宝生命中最值得庆贺的时刻当属满一周岁的那天。为此父母要办一场隆重的酒席，即使最远房的亲戚都会受邀出席，凡是中国人知道的美味佳肴都会出现在酒席上。

无疑，礼物会从四面八方送过来，但最适宜的礼物应该是一双绣花鞋，因为宝宝很快就会独立行走了，鞋是必不可少的。这双鞋真的是很鲜艳，是所有女性亲戚用她们的巧手穿针引线，共同缝制的。有的鞋上绣了一只猫头，寓意着希望宝宝走路能像猫一样气定神闲。有的绣着青蛙头，有的绣着漂亮的花卉图案，还有的绣着一些神秘符号，寓意着宝宝日后心想事成。

酒宴结束后，就要举行非常重要的抓周仪式。裹在大红衣服里的小主人公被放在一张桌子上。这张桌子通常放在祭拜祖宗的香案前。桌子上，宝宝的身边堆满了各种各样的物件，如官帽上的顶珠、项链、书本、砚台、毛笔、一串铜钱、假花，以及其他各种行业的象征性的物品。在这么多物件里边，宝宝到底会对哪件感兴趣，伸出小手去抓呢？这是人们在那一天最关注的问题，因为抓到的东西可以预示他长大后的职业选择。正是因为这一原因，宝宝的奶奶通常会费尽心思，把寓意最好的物件尽量靠近宝宝摆放，以便他抓取。如果宝宝碰巧抓到了官帽上的顶珠和花翎，那么现场气氛将异常热烈，祝贺之声不绝于耳。

类似的喜庆或祈福仪式在宝宝两周岁前数不胜数，都是在拜偶像的寺庙里或者自家祭祖的香案前举行的。所有这些仪式上都少不了焚香、烧纸钱、放爆竹以驱邪，以及锣钹的喧嚣声。不过，关于这些场景的描述就到此为止吧。我们已经目睹了宝宝平安度过了他生命的最初岁月。让我们现在去看看他的家和朋友，他所见到的周围的人和事，听一听他那小嘴很快就将学会说的奇特语言。

第二章　宝宝的家和朋友

中国婴儿开始用他那双又黑又亮的眼睛似懂非懂地打量着他将要成长于其间的奇特新世界时，他所看到的绝大部分事物都和吸引英国孩子眼球的东西大不相同。

跟英国孩子一样，在中国婴儿的眼睛里，最使他感兴趣的第一样东西就是他妈妈的脸庞。她的脸与英国妈妈的脸多不一样啊！她有着和她孩子一样的黑色眼睛，乌黑的头发紧紧地束在脑后，扎成一个样式奇特的发髻，看上去像蝴蝶的一对翅膀，或其他各种漂亮的形状。她的前额看上去很饱满。因为出嫁之前她额头上的所有绒毛都被拔光，她的脸庞显得宽大而圆润。

她的手指甲也有几根特意留得很长，因为那样可以表明她的身份是太太，不需要用手干太多的活。为了保护长指甲不被折断，她在指甲上戴上用金银做的护套。但是看看她的脚！有谁能相信那是一位成熟女性的脚！它们在她孩提时期就被结实的棉布条紧紧地缠裹，变得那么细小，现在只能穿一双只有三寸长、色彩艳丽、做工精致的绣花缎鞋。每个人都很羡慕她，说她走起路来像“风摆杨柳”，他们称她那可怜的扭曲的脚为“三寸金莲”。我们看着她时，心里不免会疑问，那样的脚走路不会摔跟头，她究竟是怎么做到的呢？

她的着装在欧洲人看来也很奇特。她穿一件印有鲜艳印花图案的宽松丝绸外套，金丝银线镶边，宽大的衣袖长长地垂着，足有1码多长，点缀着美丽的织锦条纹。外套里面是宽松的裤子。在正式场合，她会穿一条长长的褶裙，裙子也有着丰富多样的镶边。她的珠宝首饰很多，黑色的发髻上插着各种各样工艺精美的簪子。她的耳朵由于戴着重重的耳环而下坠。她的手指上戴着好几个戒指，手腕上则少不了大大的手镯。

亲戚朋友应邀来家就餐时，宝宝的妈妈从来不会坐下来与他们一同进餐。她总是待在她自己的屋子里。但是有时候，男主人与友人在客厅里快乐相聚时，你可能会听到衣裙的窸窣声和压低声音的窃笑声。这时你就会意识到，女主人和她的侍女们其实对客厅里的人和他们的对话很好奇，免不了会在纸糊的屏风上用指头戳一个小洞，或者从门帘缝往客厅里偷看几眼。

宝宝的母亲

宝宝的妈妈既读不懂书也不会写字，只能很无聊地消磨时光。每天，她的侍女要花好长时间帮她梳理头发，用长长的簪子和发胶将头发定型，再在发髻上插上颜色鲜艳、芬芳扑鼻的鲜花。她的脸上总是要扑粉，然后在脸上抹上胭脂。

收拾停当后，她会抽点时间做些女红，或逗孩子玩玩。等到这些都玩腻了，她便去抽抽烟或打打牌，如此打发掉漫长的一天。

每隔几天，就会有一些老妇人到她家来卖花、算命、兜售一些小玩意。对她来说，这是最佳的解闷时机。除此之外，来访的人还包括媒婆。这些女人走街串户，千方百计地撮合各家的婴儿或孩童成双成对。不管这些人以何为业，她们的到来总是备受欢迎。她们或者东家长西家短，或者有声有色地描述发生在她们曾经服务过的大户人家的各种新闻，把外面世界的阵阵新鲜空气，吹进了这终日封闭沉闷的“内宅”。

如我前面所述，宝宝的妈妈通常是大门不出二门不迈的。但是，一年中还是会有一两次，她被允许坐在花轿中外出。花轿轿帘紧闭，由几个轿夫扛在肩上前行。

这些外出的机会包括初春时去婆家的祖坟上坟。她要去的地方在城外，要经过一大片平地，无数坟包星罗棋布般地置于其中，坟包上既没有树木也没有花朵，只有时而暴露在坟头、包裹在粗糙的席片里的大棺材。宝宝的列祖列宗就葬在这片死者国度的一角。宝宝的妈妈来到这里，怀着异教徒的虔诚，却并不能燃起希望和安宁之光。但是按照风水先生的话来说，这块墓地可是风水宝地，身后是绿色的山冈，能为死者阻挡北来的寒风；南面有温暖的阳光，终年照耀在那奇形怪状的花岗岩石板上。宝宝的妈妈亲手为死者做了各式各样的食物作为祭品，但上祭品时，她却退至一旁，由家庭中的男性供上祭品，在焚香和烧纸钱的缭绕烟雾中虔诚地拜祭，祈祷祖先的亡灵到来，享受为他们准备的丰盛宴席。

其他时候，尤其宝宝生病时，她会去拜访一些众人都称道的寺庙，在那里向观音娘娘祈祷，希望娘娘保佑她的宝宝祛灾祛难，恢复健康。如果宝宝病好如初，她将为娘娘再烧高香，献上昂贵的贡品。

至于宝宝的爸爸，他的前额头发也被剃得精光，剩余的头发则编成一条大辫子，垂在身后。为了使辫子又粗又长，剃头匠往往要在辫子里加进去一些假发或一些黑色的丝线。宝宝的爸爸身穿锦丝长袍，冬天时再加一件无袖的缎子棉背心。在十分寒冷的冬天，他会换上带皮里子的长袍。平常时候，他常常头戴一顶黑丝绸的瓜皮小帽。天气炎热时，他会摘去小帽，什么也不戴。他的官帽是顶圆形毡帽，四周边缘直立向上，黑色毛皮镶边。帽子的顶部镶有一颗标志戴帽人官位级别的圆珠，即顶珠。顶珠有各种各样的颜色，其色彩表明了戴帽人的确切官位。官位最高的是深红色，其次是浅红色、浅蓝色、深蓝色、珍珠母色。官位最低的只是一颗镀金珠①。宝宝爸爸的鞋子也是缎子制成，鞋底很厚，但鞋底颜色为白色，而非亮亮的黑色。

① 按中国典籍记载，不同的顶珠颜色代表不同品级。自雍正八年（1730）起：一品为红色明玻璃，二品为红色涅玻璃，三品为蓝色明玻璃，四品为蓝色涅玻璃，五品为白色明玻璃，六品为白色涅玻璃，七品以下用金色顶戴。

宝宝的父亲

宝宝的爸爸可能是个读书人，但如果你问他几个问题，你可能会觉得，他实际上对很多事情并不知晓。他能成篇成段地给你背诵不少中国经典书籍，而且告诉你这段在哪章哪节，并对之进行解释。但你只要问他一些极为简单的地理问题，你就会发现，他对这一学科的理解都可归结到一点，那就是，中国是天底下最大、最重要的帝国，周边的小国都必须向她进贡。那些国家都居住着一些“野蛮人”。他总是庆幸自己出生在伟大的“天朝之国”，坚信所有其他国家的臣民都会羡慕他天生的福气。

就宝宝爸爸的信仰来说，他几乎不信任何菩萨，但从来不会忘记在那些木制刀刻的祖宗牌位前烧纸钱和焚香，虔诚敬拜。他坚信祖先的灵魂就寄居于这些牌位之中。他不仅用强烈的父爱爱着自己的宝贝儿子，同时也把他自己未来的幸福都寄托在这幼小的生命身上。

他相信，如果天降奇难，宝贝儿子不幸夭折，那么做父亲的进入阴间时，将会成为孤魂野鬼，忍冻受饿，无所居处，悲惨地在那神秘的地域中游荡。因为中国人相信，死去的父亲在冥界中的需求必须通过活着的儿子在祖宗牌位和坟墓前不断地烧香、祈祷，才能得到满足。

正因为如此，每当他的宝贝儿子生病时，这位清高自傲的父亲竟能屈尊到城里挨家挨户地去每家乞讨一个铜板，以凑够100 枚（当时 20 个铜板才相当于英国的 1 个便士）。他认为，通过乞讨铜板，每家每户的祝福和好意都会随之滚滚而来，能确保自己的儿子健康发达。他用乞讨来的铜钱去买一把“百家锁”，戴在儿子小小的脖子上，一刻也不取下来。也同样是因为如此，儿子罹患重病时，他会认为，孩子之所以生重病，是因为一些恶魔勾去了孩子的魂。这个当父亲的就会扛一根竹竿，一头挂着儿子的婴儿服，行走在大街小巷中，每走几步，便大声喊道：“回来吧！回来吧！”在中国，父母的生活和未来的幸福与他们儿子的生命休戚与共，这一点是千真万确的。

在中国，孩子生活成长于其中的房子，与我们在亲爱的英格兰既熟悉又珍惜的老房子极其不同！他们的住所只有一层，房屋前后比邻，中间有一个称为“天井”的空地。天井通过精心点缀，颇为漂亮。中央是一些奇异的假山石，石头上或旁边种着一些曲里拐弯的矮小树木或树丛。一棵还没有天竺葵高的杉树被一根细细的金属丝扭曲地捆绑起来，变成了一株矮小的奇形怪状物。假山石旁还有一些人工池塘，有的里面养着金色和银色的鱼，有的则生长着宽大的荷叶，顶着粉红色的细嫩荷花。天井的四周摆放着一些精美的陶制凳子，上面放着大大小小的花盆。一些花盆中种着金橘树，油光闪亮的墨绿色树叶中点缀着芬芳的花蕾和金灿灿的果实。在这些花木中，还不乏高贵的夹竹桃和颜色鲜艳的石榴花苞，以及其他各种花草。在一个僻静的角落，紫藤、茉莉花和攀枝月季竞相怒放。在深秋时分，每当微风拂过，就会飘来阵阵沁人心脾的桂花清香。

我们并没有对房屋谈得太多，反而大谈特谈花园，这要是在英国似乎有点本末倒置。但是正如我开始说的，这是在中国，许多东西与英国是大不相同的。在英国，花园围绕在房屋周围，而在这里，正好相反，房屋是围着花园转的。

继续前行，我们将走进中国宅院中被称作“客厅”的最主要的房间。正对着客厅门的最里边靠墙处，安放着一张大大的长条榻椅，榻中间放着一张小案儿。墙上挂着长长的、成双成对的立轴，上面书写着从中国经典著作中选来的词句。如果这家没有专门的供屋，这间客厅则兼具供奉祖宗牌位的功能。客厅两旁的木椅精雕细琢，两两相对，成双摆放。每一对椅子中间有一张茶几。在中国，家家户户的客厅布局完全相同。客人入厅时，只要看主人把他往哪儿引座，就可明确知晓自己在主人心中的地位。上座总是设在主人的左手边。

房间里没有壁炉，因为中国人不在房中用壁炉取暖。在这个帝国的北方，人们取暖用的是一个用砖块砌成的宽大火炕。这种火炕内部是空空的烟道，里面的烟与火成为供暖的热源。由于没有玻璃窗户，即使室外阳光灿烂，室内也是昏昏暗暗。不过悬挂在屋顶的漂亮灯笼点着时，屋内别有一番情趣。屋内有一扇通常挂着门帘的边门，通向家庭中女性成员居住的房间，而这些房间无一例外，都是永远坐落在房子的后面。中国人家的门窗很难找到有严丝合缝的。人们保暖的唯一方式只能是外衣套外衣，背心加背心，直到被层层衣服捂得喘不过气来。稍穷的人们靠棉衣取暖，而有钱人则身穿皮里子大衣。至于手脚取暖，他们使用小巧的手炉和脚炉。这种炉子看起来就像是带有出气格栅盖的小铜篮子，里面装着烧红的木炭。手炉不大，也很轻巧，常常可以放进中国人宽大的袖子之中去。

宝宝的家

走进中国人的卧室，我们会发现他们的床架与我们的没有太大差别，但床上既没有毯子，也没有床单，也没有我们熟悉的柔软的羽绒枕头。只有一床很大的棉被，用非常漂亮的印花棉布做成。这床棉被既可作为床垫，也可作为铺盖。在炎热的夏天，他们用很硬的竹枕，可以使头部保持凉快。到了寒冷的冬天，他们就换上两端绣有漂亮图案的布枕。即使布枕，睡上去也是硬邦邦的。

来到他们的粮仓，我们会发现，他们的食物，也与我们的有很大差别。中国人与你见面时，不是询问你身体是否健康，而是很客气地问："你吃过饭了吗?"由此可见米饭在他们生活中的重要性。可以说，米饭在华南华中是人们赖以生存的最主要食粮。

在中国宝宝家的饭桌上，你绝对看不见餐刀或叉子，只有两根约1英尺长的棍子，用象牙或上了漆的木条制成。外国人称这一双有用的小玩意为劈开的棍子（Chop-sticks），而中国人却管它们叫快（筷）子，即动作很快的孩子的意思。

在吃饭的时候，每个人都有自己的单独大碗，里面盛满米饭。他们把碗端在自己的嘴边，用右手中的筷子把饭扒进嘴里。只用很短时间，他们就能把碗里的饭吃光，然后等着盛下一碗饭。也有做好的蔬菜、鱼和肉，但这些菜通常是装在另外的碗中，放在桌子的中央。无论是谁，想为自己的米饭增添点味道时，他便把自己的筷子伸进这些公用的菜碗中，夹上一口放进自己的嘴里。中国人认为，英国人进餐时，把大块大块未经切割的肉摆上桌请客人享用，是一种极不文明的表现。他们觉得砍肉剔骨、准备食品都是佣人的工作，不应该搬到餐桌上让主人来做，让客人在旁边等着看着。

中国人的宴席常常会延续几个小时。桌面上光光的，没有铺任何桌布。甜点通常为果脯或坚果之类的东西，一般是作为宴席第一道菜上来的。他们的每一道菜，都只用一个盘子盛装，分量足够所有的客人享用，但他们上的菜之多，有时竟有25道各式各样的菜。燕窝汤、海参、鱼翅、鸭舌是中国人宴席上常出现的几道奇特菜。几乎每道菜都是炖出来的，再加上大蒜和油调味，使得这些珍馐很难适合欧洲人的口味。在邀请了外国客人时，他们常常会让厨子少放些调料，以适应那些奇怪的西方人的口味。在中国，酒是加热后再上桌的。温过的酒通常装在一把锡壶或者银壶里，然后倒入小巧玲珑的瓷杯中。茶是中国人常备的民族饮品。一位客人来访，仆人马上就会端上一杯茶来。不过他们的茶既不加糖，也不加牛奶。

第三章　宝宝看到的风景

中国的儿童第一次走出家门，不论是被抱在怀中，还是骑在佣人的肩头，眼前的世界对他来说都是一个繁忙的世界，而在西方人的眼睛中也是一个奇特的新天地。走在中国大多数的街道上，他会发现，即使是最宽的街道也比英国的小巷要窄。街道两旁没有边道，路面由不规则的石板高高低低地铺成。中国人认为，要是把路面铺平的话就会摊上霉运。在中国城市的市中心，没有如广场一样的开阔地带。所有的房子都挤在一起，空间小到不能再小。由于大多数房屋都是木制的，经常发生的火灾瞬间就会吞噬整条街道。然而灰烟尚未散尽，房主就已经开始在仍然冒着烟的灰烬上重建房屋，在废墟旁边重搭商铺，尽可能在条件允许的情况下使生意照常做下去。

中国的大多数城市四周都建有坚固的城墙。城墙开有城门，但把守很严。通常是日落就关城门，不许进出，直到第二天天亮。城门口有一小群士兵站岗。很奇怪的是，这些士兵身上缺乏我们的战士身上那种生龙活虎的朝气。他们的军服通常用蓝色的棉布缝制，松松垮垮，有时也穿一件外套或红色的背心。这些衣服的中间常缝着一块白色的圆布，布上写着代表他们所属军队的汉字。

中国城墙

让我们的目光从城门转回街道。从清晨开始，挑夫就肩挑水桶从河里取水，挑回的路上一路滴水，因此街道上总是湿漉漉的。抬头望去，五颜六色的狭长街道映入眼帘。街道两边挂着各种各样的店号招牌。与英国的商家通常把招牌挂在自己商店的门上的做法不同，这里的招牌是从突出的房檐下垂吊下来。大多数招牌有 8 至 10 英尺长，涂着锃亮的油漆，上面题着颇为冠冕堂皇的称号。有趣的是，这些称号并不是店主或商家的名字，而是商家用来彰显自己的华而不实之词。例如，一家毛皮店的店号牌上写着“德盛行”，一家绸布店的招牌上写着“赛神仙”，一家棺材铺的店号却是“合力安康”，而一家煤商竟用名不符实的“天赐美景”来描绘自己的生意。在炎热的夏天，街道两旁的商家都会支起席棚来遮挡火辣辣的阳光。

中国的马路上很少见到推车或马车，只有在一些衙门列队行进中能偶尔见到骑马的人。不过，路上的轿子可不少，大大小小，各式各样。有官员使用的宽大精致的官轿，也有只由几根不结实的竹竿绑在一起的滑竿。滑竿夫通常待在市集的角落等待顾客来临，就如同英国城市中的小马车夫站在街头等待一样。这些滑竿能在拥挤的人群中挤出地方，来回穿过，可真是神奇。扛滑竿的轿夫一边拨开熙熙攘攘的人群，一边扯着嗓子大声吼道：“滑竿来喽！小心，碰背了！碰背了！”

街上不时能看到一些苦力，有的身背沉重米袋，把它们送往朝廷谷仓；有的肩挑装满水的沉重水桶，把水从河流湖畔挑到城里。这些苦力肩挑背扛着重负，一步一步往前艰难挪动，嘴里发出低沉单调的“嘿唷！嘿唷!”的号子声。

看，这边走过来一名挑夫，肩上挑着满满两大筐棕色发亮的皂角，当地人用它们作肥皂。看，那边来了一位卖灯笼的人，身扛一根长扁担，扁担两端各自插着50多个灯笼架子。他身负如此不便的重担，竟能在潮水般拥挤的人群中穿梭前行，而灯笼并没有被碰坏，真让人为他的灵巧而惊叹。突然，我们被人群挤到路的一旁，原来是路上出现了一头身躯巨大的水牛。在它笨拙的身上坐着赶牛的孩童，紧跟在牛的背后是两个抬猪的人。他们把一只猪关在一只圆筒形的竹筐中，用一根绳子把筐拴在一根长长的扁担上，两个人各抬着扁担的一头，晃晃悠悠地走着。中国人觉得，抬着猪去集市要比赶着猪在狭窄而拥挤的路上要快得多。在抬猪人的后面是衙门的仪仗队。一个大官悠闲地坐在精美华丽的官轿之中，在他前面是一个相貌寒酸的随从。这位大官身穿漂亮的缎子大袍，严肃的面孔上流露出一股高高在上的优越感。在队伍的最前面有一两对开道的卫兵，他们头戴圆锥形毡帽，手拎一根皮鞭。在他们的身后是一串孩子，通常是一些街头流浪儿。他们手举着巨人的油漆牌子，上面写着“回避”和“肃静”的字样。队伍的最后有人举着一顶很有特点、带着一圈荷叶边的大红华盖。每当轿子里的官员下轿时，这顶华盖就会高高举起，悬在该官员的头顶上方。

中国的街道本来就已非常狭窄，加上众多的小商小铺面前还挤着不少临时小摊小贩，使本来已经拥挤的街道更加拥挤不堪。在我面前，有一个挑担子的补锅匠。他的摊旁是一个江湖游医的小台子。在他们的对面放着一张银锭换钱的小桌子，桌上放着一串串铜钱、称银子的秤和从银锭上切下来的碎银子。在他摊子的旁边坐着一个修眼镜匠、一个走街串巷的剃头匠和一个流动食品摊的厨子。

让我们在这个流动的食品摊子前多看上两眼，看一看那些让我们产生巨大兴趣的食物。我们没见到别人说起过的狗肉、猫肉和蜗牛肉，但见到了蒜味肉丸、香芹牛肉末、精美的炒鱼片、叉烧包子，还有漂亮的金黄色烘饼。这个小摊上有这么多鲜美的食品，难怪人们都愿意花钱光顾这里的生意，小摊周围常簇拥着一群在临时摊铺的不便条件下仍能大快朵颐的食客。

剃头匠的生意也很红火，因为中国男人前额上的头发每隔几天都要剃一次。走过剃头铺，我们可以在旁边的算命先生那里多看几眼。人们在算命先生那里也不吝花钱。这些算命先生声称，他们可以通过各种方式来推断人们的祸福吉凶，比如说拆字、火灼龟壳、问鸟求签等等。

一名脸上流露出焦灼神情的年轻人走了过来，他告诉算命先生，他要离开家出去几个月，但不知旅程是凶是吉。算命先生听完，举起他的鸟笼，对笼中最聪明但又最其貌不扬的那只鸟咕噜了一句“离家远行”，并取出一粒粮食喂给鸟吃，引诱它出笼。然后，他取出一叠牌来，每张牌上应该写着各种各样可能出现的问题的答案。他洗了一下牌，然后引导小鸟衔出其中一张。他看了看小鸟取出的牌，然后装腔作势地说：“此行无吉兆，财路不畅。宜暂居家中，另择吉日。”

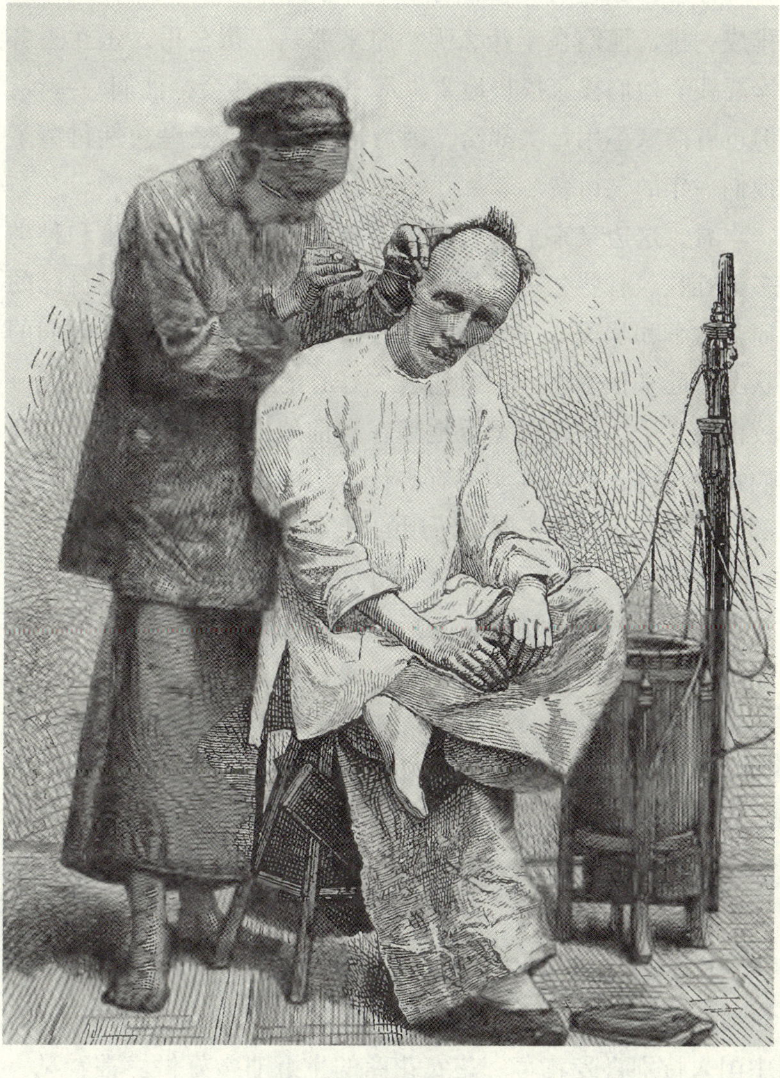

街头剃头匠

你看，那边有一队瞎子，一个人抓着另一个人的衣角，排成一排，他们在干什么呢？原来那是一帮乞丐，正在去各家要钱。他们挨家挨户地要。每一个店主都会给他们一些钱，但也有商家不用每次都给，因为这些商家已经一次性付清了他们一年的乞讨费。

看，这边又来了一群乞丐。在中国，乞丐的数量和种类多不胜数。有些乞丐直接坐在冰冷的地上，有时会把自己的痛苦故事和状况写在身前的人行道上或一块木板上。他们的状况看起来很悲惨，一边乞求“好心的过路人”赏给他们一枚铜钱，一边把前额重重地磕在身前地上的坚硬石板上。我们常常发现，他们其实很有心计，用一块厚厚的皮垫保护头部，这样在用劲磕头时，所用的力量会被这皮垫缓解。

还有另一类乞丐，那就是行乞和尚。他们身穿黄色的宽松大袍，头顶剃得精光，身后也没有挂着任何辫子。他们的腰间绑着一个木鱼，一边走一边敲打。这种很奇怪的打击器具常常在他们念经时使用，敲打出来的声音特别空远而单调。通常，这些行乞和尚在众多和尚中被挑选出来，因为他们在寺庙中的资历和地位都高于其他和尚。他们身后绑着一个布囊，用于收取善男信女的布施。那些善男信女被告知，如果他们向这些和尚布施，对来世大有好处。

许多商铺门前鲜花怒放。这些花都种在精美的花盆中。这些花盆都是从鄱阳湖边远近闻名的景德镇瓷窑购买来的。中国人特别喜爱花草。花农花商的生意非常好做。常看见一个卖花人身挑两只浅浅的竹筐，里面装满了各种各样的美丽花草。种花人的目的就是要通过他的精心培养，种出又大又好的花朵来。在初春时分，他带来芳香的腊梅和精美的粉红色桃花、杏花。用不了多久，他带来了鲜艳的杜鹃花、玫瑰花、香石竹、牡丹花、石榴花和睡莲。随着早秋凉风袭来，他带来了杆高花大、富丽堂皇的鸡冠花。五颜六色的精美菊花是中国园艺家的骄傲。它们具有西番莲之优美和紫菀之华丽。轻风荡漾，随之飘来桂花的阵阵甜美沁香。一时间，大自然的香气压过了每个中国城市的拥挤街道都会产生的难闻气味。

富有的人家通常会给我们的花商朋友付一笔年金。作为回报，他会使这些家庭的花园和院落四季飘香。即使在单调的冬季，装饰在这些中国人家的芳香水仙花和姹紫嫣红的山茶花都会呈现出别样的“美感”。

我前面说过，中国的大多数城市中都没有广场。类似广场的空地有时可在寺庙前或衙门前看见。衙门前常常安有巨大的动物石雕像，中国人把那种动物叫作狮子。这些石狮子常用来吓唬中国的孩子。据他们听来的一些稀奇古怪的故事，这些狮子只在白天是石狮子，但一到晚上就会活过来，在城市的街道里游逛。

我们已经在中国城镇的繁忙大街上闲逛了许久，现在让我们走进一家商铺，试着和坐在柜台另一头、抽着烟袋、悠然自得的店老板做一次生意。假设我们走进的是一家陶瓷店，里面摆放着来自这个“天朝王国”的各种名陶贵瓷。这里有5英尺高的巨大花瓶，上面装饰着用彩色线条精细勾画出来的一组人像。在它们旁边是圆筒状的瓷凳和各种各样的家用器具。那些瓷凳专供放置精美修饰过的花盆。这边还有酒壶、精细的小瓷杯以及大量专为满足外国人所需的特别产品，例如带有提手的小茶壶之类的英国风格茶具，而当地的中国人很少使用这类产品。除此之外，还有各种形状各异、大小不等的奇异装饰品。店主呈上我们要找的商品，并很冷静地开出比该产品价值高出两倍的要价。我们立即回答，这价太高了，店主便稍稍地降低了要价。类似这样的讨价还价过程一直要持续很长一段时间。最后我们以他起初要价的一半成交。即使这样，他也非常心满意足了，因为与像我们这样的外来"蛮人"做生意，他的赚头实在不小，我们所付价钱绝对比他卖给当地人的价格高出许多。在我们要准备离开前（其实还在一片火热的讨价还价之中时），一杯热茶就已经给我们送来，一支烟袋也递到了我们面前。

门外进来一人，身挑两只又大又深的竹筐。其中一只竹筐上插着一面小旗，上面写着"惜字敬纸"。这个人是做什么生意的？随着他的到来，各家的门打开了，一个男佣人端着一个废纸篓走了出来，把里面的东西倒在这个收废纸人的大筐中。原来，此人受中国慈善机构派遣，专门来走家串户，收取大大小小的书写纸片，然后带到某个寺庙院落中专门搭建的焚烧炉中烧毁。中国人认为，厨房的炉子太俗了，不能用来执行如此神圣的工作。这也是中国人积德的一种方式。他们认为，走到生命的尽头来到地狱时，阎罗王会根据他们在阳世间所积之德来减轻他们的罪恶。

也许我们西方人对印刷或书写纸的轻视慢待态度，比很多其他因素更使中国人坚信，我们这些外国人绝对是还没有被教化的“野蛮人”。他们看见我们用各种不恭不敬的方式糟蹋纸张：用来包裹东西，常常不经意地将它们踩在脚下。结果当然是他们自然而然地认为，我们这些外国人根本没有任何称得上伟大的文字和文学的东西，否则绝不会如此不恭不敬地对待纸张。

我们现在路过了一家茶馆。这是中国男人社交会面的场所。茶馆里聚集着一大群人，一边自由自在地喝着茶这一中国人的民族饮品，一边谈论各种新闻趣事。除了茶之外，茶馆中还有瓜子和花生供应。一个中国男人往往只花一个小钱就可以在这样的公共社交场合度过一天之中的大部分时光。

在我们离开这些拥挤的街道之前，让我们回过头来看看这些街道的名字。许多街名冠冕堂皇，但往往出现在地位低下和名声不佳的街道上。首先我们看到的是永福街。它的近旁是孝心巷和恒谐院。再往前走是查家巷、新街、马尾巷、针线弄和天宝路。

离开这个城市时，我们穿过了两道厚重的石头城门。城门外经常把被斩罪犯的头颅放在小小的竹笼中悬挂起来。尽管这样做的本意是为了震慑那些作恶之人，但并没有多少过路人会注意到这些令人憎恶又可怕的东西。

在城门下，我们见到了贴在城墙上的种种布告和广告，有关于即将来临的宗教节日通知，或者某座佛庙里的和尚剃度仪式通告，也有推销煤油、戒鸦片药丸和各种江湖药品的广告，还有寻找家里失踪亲友和悬赏报答的告示。

所以，尽管有众多的差异，但我们发现，这个古老帝国和我们的英国集镇在风俗习惯和景物方面仍然存在着诸多相同之处。闲逛回来，反思所见所闻，我们会认识到，不管在哪里，在这个地球上，人的本性其实大致相同，并无本质差异。

扬子江上捕鱼

第四章　上学的中国男孩

中国男孩过了6岁生日，人们通常就考虑该让孩子上学了。

孩子上学是件十分重要的事情，家里通常得咨询算命先生。请这样一位睿智之人选定一个良辰吉日后，这个中国小孩就可以第一次出现在学堂中了。他的父亲陪他一起前往。让我们跟随他们一起走到学堂去吧。他看起来精神焕发，全身收拾得干干净净。他前额的头发被剃得整整齐齐，剩下的头发辫成一条长长的黑辫子，垂在身后。学堂的学友要整他，会把他的辫子与另一个男孩的辫子绑在一起，使他们两人都极不舒服。

夏日里，我们这位小朋友头上什么也不戴，上身只穿着一件松松垮垮的棉布或夏布制成的上衣或背心，下身穿着相同质地的小小袋状裤子。天气冷的时候，他无疑要穿上六七件背心或外套，一件套着一件，有些还是棉衣。你第一眼看到他，可能会大吃一惊，而且纳闷，他被这么多衣服裹着，还怎么能使用胳膊。他的头上戴着一顶黑色或蓝色丝绸瓜皮小帽，帽顶上有一小撮大红色丝线团，帽后通常还挂着一些丝线制成的厚厚的流苏。他的脚下踏着一双厚厚的白色鞋底

一所男校

的布鞋，鞋面上常常有其骄傲的母亲绣制的漂亮花草或蝴蝶图案。有时他的腰间别着一个小钱袋，上面仍然有他妈妈绣的图案。但是这个钱袋无法装下许多中间有个窟窿的铜钱。如果他很有钱，攒下了一定数量后，就可以用一根草绳或线绳把这些铜钱串在一起，并在这一串钱两头各打上一个结，以防脱落。

即使没有钱袋，他也不会没有地方装他自己的宝贝，因为他有两条宽大的袖子，那是藏东西的主要地方。在中国，小型书籍不像在英国被称为“袋装本”，而是被称为“袖珍本”，这是因为中国人不像英国人那样把东西装在衣服口袋中，而是装在袖子中。

到达学堂后，我们的小男孩朋友走了进去，手里提着给学堂里那位面容严肃的长者准备的礼物。这位长者就是他的老师。小男孩要做的第一件事就是要在写着圣人孔夫子名字的牌位前磕头敬香。学堂中的家具包括一些小桌子和桌子后面高高的凳子。这些桌凳常常是学生家长提供的。教书先生的案台比学生所用的桌子稍微大一点。在这张案台上，除了我觉得应该见到的书籍纸张外，还有一个对他来说必不可少的大烟袋。在学生的小桌上，你看到的不是我们在英国常见的钢笔和墨水，而是一方砚台。男孩们每人手持一块墨锭，沾一点水，在里面研墨。

男孩所用的笔是一支毛笔，和我们大号的驼毛画笔样子差不多。他将笔垂直地握在手中，笔杆朝上，把字帖中的奇形怪状的字描摹在宣纸上。

英国的孩子毫无疑问会觉得中国的课程极为枯燥乏味。年复一年，那些中国男孩只是在那里如鹦鹉学舌一样重复先生所教的课文，照葫芦画瓢般地摹写字帖上的字，而对它们的意思却知之甚少。

中国语言中没有字母，但有214个偏旁部首和字根，并由它们构成其他汉字。所有的汉字都是单音节的，书写的方式从上到下，而不像我们那样从左到右。一本中文书的开始页实际上是我们英文书的最后一页。

中国的语言非常古老，大多数人都认为它可以追溯到诺亚大洪水时代后不久。这是世界上现在仍然在使用的最古老的语言。中国人认为，他们书写的文字起初是象形文字，即一些表现人们想要表达的事物的简单图形。

为了把我的意思表达得更为清楚，我将把古代中国人所用的象形文字画下来。它们的下方是现在中国人所用的汉字，最下方是英语的意思：

象形文字：					
现在的汉字：	日	月	子	山	馬
英文：	Sun	Moon	Child	Hill	Horse

不久，人们发现，一种语言如果单单只用图形构成文字，词汇量会非常有限，根本不能满足一个民族所有想表达的意思。逐渐地，中国的学者开始使用较为复杂的文字符号，并且常常把一个象形图形与另一些符号合用，以使意思更为明确。如：

• 表示太阳的“日”字在表示地平线的“一”之上，构成了表示早晨的“旦”字。

• 表示一棵树木的“木”字如果与其他树在一起，就构成了表示树林的“林”字。

• 表示嘴的“口”字如果放入表示门的“门”字中，就构成表示询问的“问”字。

中国的语言不仅在造字的方式上独一无二，而且使用同一偏旁部首产生出来的单字数量也十分惊人。汉字的总字数可高达4万之多，但这个帝国的读书人所了解并使用的只是这4万多字中的很小一部分。

这一语言声调的多样性使其口语的掌握十分困难，一个单字由于声调不同，能产生多达15种不同的意思。

举个例子来说吧，一个非送气音的ji音字，即使声调相同，也有18个相对应的同音异形字，也就可以有18种不同意思，例如：饥、鸡、唧、屐、基、箕、几，相当于我们英语中的“饥饿”“鸡禽”“口吃”“鞋屐”“基础”“簸箕”和“桌几”的意思，并可以用它来表示下列的各种动作：系丝、讥讽、挤入、汲水、稽查。

同一个音的字，但如果是送气音（qi），则又有多达10个不同的意思。例如，它可以表示泣、气、凄、七、妻的意思。作动词时，它可以表示欺负、栖息、上漆和欺骗的意思。

许多外国学生常常会在学中文上犯一些哭笑不得的错误。我们曾听到有人想说他的鸡，却说成了他的妻；想要一个饼子，却点了一个瓶子送来；想谈论皮子大衣，而别人却听成了鼻子大衣。在这所有的笑话中，所犯的错误只不过是把送气音发成非送气音，或正好相反。

我们还听到过，有一个洋主子想让仆人给自己送一个“饼”来，却说成送一个“兵”来，弄得仆人一头雾水，不知所措。还有一次，一位先生想要他的帽儿，却被他人理解成他要猫儿。他想谈论自己的田，却被认为在谈论天。

那些外来蛮人第一次使用花之国①的语言进行交流时，总会落入无处不在的语言陷阱。难怪他有时真会羡慕那些“天朝”孩童的语言天赋，他们在街上嬉戏玩耍时，嘴里也都能叽叽喳喳说个不停。

我们谈到了我们年轻的中国小朋友要说要写的语言有多么困难，现在让我们从身后越过他的肩膀，看看他到底在读什么样的书。所有孩子要学的第一本书叫作《三字经》，是一本经典的三字句的著作。称它为三字经，是因为这本书每一行的句子都是由三个字组成，目的是为了方便孩子记住。首先，由先生反复朗读前几行，孩子们手捧着书，身子左摇右晃地跟着先生重复这些词句的发音。然后，孩子们回到自己的座位上，开始背诵这些词句。为了确保每个孩子都能认真朗读，不开小差，先生要求每个学生都得用最大的声音读出这些段落来。这样一来，课堂中一片闹哄哄的声音。无须具体描述，稍加想象，你就不难领会那是一番什么样的场景。

---

① Flowery Land，“华”古同“花”，所以西人早期把中华意译为花之国。

路过一家中国学堂时，你多半会以为这里是个喧闹的疯人院，而不是一个学习的场所。

中国孩子的这本启蒙读本的第一句话是这样的："人之初，性本善。"接着书中谈论的是学习的重要性以及老师严加管教的必要性，归纳为一句话，那就是："教不严，师之惰。"大意为，如果对孩子不严加管教，是老师懒惰的表现。如今，在每个课堂中都有一根竹棍，那是老师手边必备的常用武器，同时也佐证了先辈圣人的这一格言，至今仍然被奉为老师的座右铭。

接着，中国孩子将从这本书中学到，世上有三才，即天、地和人；有三光，即日、月和星。然后他们被告知，稻子、小米、豆类、麦子、玉米和高粱为六种人们赖以生存的粮食。在谈论了各种其他的事物后，该读本对中国历史进行了简单的总结。在这之后，读本向这些年轻的孩子介绍了伟大的圣人和天才孩童的故事。我将在这里把其中的几个刻苦好学的杰出例子做一介绍。

有一个有名的学生，名叫孙敬，生活在2000年前的汉朝。他刻苦好学，经常把自己关在房间里学习。为了防止自己打瞌睡，他用一根绳子把自己的头发绑在了房梁上。

一个学生因为家境贫苦，只能抓来许多萤火虫，借用萤火虫发出的萤光来读书；另外一个却是借用雪地的反光来读书。一个学生把所学内容背得滚瓜烂熟，并且是在被重重的柴捆压得直不起腰的情况下做到的；另一个学生，不被任何困难所困扰，对知识的追求使他即使在放牛时也不忘把书挂在牛角上来阅读。

有一个“勤奋的典范”，讲的是一个书生为了功名，将自己封闭在一座著名的大山中学习。家中的任何来信，只要他能确定无非是问候或报平安的语句，他都一律不启封。他这样做，是为了避免任何外来因素干扰他集中精神刻苦学习。另有一个男孩，年仅 7 岁，但行为举止各个方面都已经极为庄重得体。他总是使用一块圆木为枕，以保持警醒状态，随时可以醒来，继续勤奋学习。还有一个男孩，他生活在公元前（所有这些刻苦好学的人好像都生活在极其遥远的年代）。这个男孩家境很贫寒，但一心想成为一名饱学之士。他想出一个方法，在墙上凿了一个小洞，通到隔壁邻居的房间。通过这个小洞，他借用邻居的灯光，钻研书本，最终成为一个著名的学者。另一个例子是著名诗人王禹偁，7 岁时就能吟诗做文章。有一位太守对他的才华十分赏识，将其纳入自己的保护之下。有一天，太守设宴请客，在宴席上，出了一联让众人来对。这是中国人的一种文化娱乐方式，即一人即兴地出一对联的上联，让他人来对下联。太守出的上联是“鹦鹉能言难似凤”。在座的客人无人能对得出来。太守回到家里，他的“小友”禹偁知道了，立即对出了绝妙的下联：“蜘蛛虽巧不如蚕”。

中国的男孩懂一些算术，计算得很快，但他们计算时用的是一种类似计数板的小算盘。

除此之外，男孩还要学一些其他的书。《孝经》通常被用作阅读课本。在中国这是一本很普及的书，其普及程度要大大高于英国的《男孩周刊》(*Boy's Own Paper*)。其中的一些故事生动地反映了中国人的生活和品质。鉴于此，我想我最好还是给你们讲讲这些故事。

孟宗哭竹

晋朝时，有一个少年，名叫孟宗，在他很小的时候父亲就不幸去世了。孟宗很有孝心，常常在父亲的灵牌前敬拜。除此之外，他精心照料丧夫的母亲，以不倦的孝心为母亲提供一切她想要的东西。有一年冬天，大地覆盖了一层薄薄的积雪，树叶也已经飘落。可就在这时，他的母亲病倒了，吃不下任何东西。她喃喃自语道："要是我能够吃上一盘在明媚的春天挖到的竹笋就好了。我吃了竹笋，一定会有力气的。"母亲的话深深地印在孟宗柔嫩的心里。他多么希望能满足母亲的这一愿望！可是在这寒冬腊月里，到哪里才能找到嫩竹笋呢？怀着沉重的心情，孟宗悄悄地离开母亲的床边，来到空空的街道上。他毫无目标地走呀走呀，最后来到了一座古庙旁的一片竹林里。他一头倒在光秃秃的冰地上，双臂紧紧抱住优美光亮的竹竿，放声大哭，一串串泪水淌落在周围的冻土上。突然，奇迹发生了。冬日的冻土开始松动，嫩嫩的白色竹笋破土而出。孟宗喜出望外，马上挖出竹笋，赶回家去，把它们烧熟，把这道盼望已久的美食端到生病的母亲面前。

母亲迫不及待地开始进食儿子用万般孝心给她弄到的这道佳肴。竹笋还没有全部吃完，她的体力就恢复了，身体也好了起来。孟宗对母亲如此虔诚地竭尽孝道，连天地都为之感动。从此之后，竹笋在冬季可以生长，不再需要等到来年春暖花开、万物复苏的时节才冒出地面。

老莱娱亲

很久很久以前，大约在周朝（3000 年以前）时，有一个人名叫老莱子。虽然他自己已经 70 岁高龄，但由于父母仍然健在，他总是对别人说，他还不老，希望别人不要在他的称呼前冠以尊称“老”字。他人生的最大愿望就是使慈爱的老父母忘却时光的流逝，心里永远充满欢乐和喜悦。他为他们准备最可口的饭菜，以不倦的孝心日夜为他们服务。他常常身穿五颜六色的衣服，就好像自己仍然是少不更事的孩童，手里还握着自己婴孩时期喜爱的玩具，在老人面前蹦蹦跳跳，唱歌玩耍。每隔一段时间他会走到井边，打来一桶清水，但在走进客厅时故意被门槛绊倒，像孩子一样摔在地上，可怜地大哭，然后跑到自己老父母身边，如孩子受了委屈一样要父母安抚。老莱子所做的这一切都是为了一个崇高目的，即让自己年迈的父母愉悦开心，让他们哪怕有一刻能忘记自己的年龄，幻想着自己仍然年轻力壮，肩负着育儿成人的责任。

郭巨埋儿

在汉朝时，有一个人名叫郭巨。他年迈的母亲和他住在一起。他和妻子有一个可爱的3岁男孩，一家人在一起快快乐乐地生活，直到厄运如乌云一般袭来，郭巨的劳动收入难以维持他们的生活。日复一日，年老的奶奶与小孙子分食着那点微薄的口粮。饥饿如一只魔爪伸向他们。他们的脸庞消瘦了，力气没有了。一天，郭巨吩咐妻子带上孩子跟他一起出去。他扛着铁锹，一直走到自家院子的竹篱笆外，然后站下来对妻子说："天哪，我太穷了，连我的老母亲都无法养活，而这个孙子还不时地分享老奶奶那点可怜的食粮。我们眼见着祖孙俩都越来越瘦，越来越弱。我娘走了不可能再复活，而儿子走了我们还可以再生一个。不如我们把这孩子埋了吧，这样可以节省些粮食来供养我娘。"

妻子被吓坏了，呆站在那里，一句话也说不出来。她不敢违背丈夫的意愿，只能把孩子紧紧地抱在怀里，眼看着丈夫一锹一锹地给自己活生生的孩子挖掘着坟墓。突然，她听见铁锹碰到硬物发出的沉闷的叮咚声，然后听到她丈夫惊喜的呼喊。很快，她看见丈夫从挖了一半的坟坑中拎出一件东西。是一罐黄金！上面还刻着："天赐孝子郭巨，官不得夺，民不得取。"

郭巨视母亲的安康重于自己孩子的生命。这一行为感动了上天。这就是上天对孝子郭巨的回报。

丁兰刻木

丁兰是汉朝人。在他还是婴儿时，父母双亡，使得他没有任何报答他们生养之恩的机会。他一直在寻找一种方式，能让已故的父母感知自己对他们的深深爱戴。有一天，他灵机一动，想出了一个主意。他找到一块香木，把它雕刻成父母的形象。从此之后，他每天都来看望和照顾木像，就好像它们真的就是自己的慈父慈母，以此来聊表他的孝心和爱心。

丁兰的妻子对他的一片孝心不抱任何同情。相反，她经常取笑丁兰，从不去敬拜木像或服侍它们。有一天，丁兰不在家。他的妻子为了取乐，竟用缝衣针扎木像的手。天哪，快看，木像被针扎过的地方流出了滴滴鲜血！不久，丁兰回到家，看见滚滚泪水从木像的眼睛里流出。他调查了事情的原由，发现了悲伤的真相。这位孝子休弃了他的不孝之妻，让她永远不得登此家门。

王祥卧冰

在古代的晋朝，有一个男孩名叫王祥。他幼年时不幸失去了母亲。不久，父亲就又娶了一个妻子，即王祥的继母朱氏。朱氏生性不和蔼，非常不喜欢年幼的王祥，常常对他又打又骂。她无时无刻不在王祥身上挑刺，并不断在王祥的父亲面前说他坏话。渐渐地王祥失去了父亲的信任，这是令他最为难过的事情。有一天，天空灰暗阴沉，街道上房顶上铺上了厚厚一层白雪。不仅房檐的瓦当上挂着条条冰凌，就连湖泊江河也是冰冻三尺。王祥的继母坐在硬背椅子里，宽大的袖子中藏着小小的手炉取暖，嘴里不停地怨天怨地，以打发其无聊的时光。突然，她大喊一声："我好想吃一盘从湖里抓来的鲜鲤鱼!”

王祥继母的愿望是极其愚蠢的。方圆几十里，只要是有水的地方，都被厚厚的冰块覆盖，怎么可能有能被人抓到鲜活的鲤鱼呢?但是王祥听到了继母的叫喊。他一言不发，戴上他色彩鲜艳的风雪帽，把小手插入长长的袖子中，悄悄地离开屋子，飞快地朝河边走去。

在他的面前是一片静静的月色，冰封的原野上散落着点点飞雪。

他迅速地解带脱衣，直到脱去所有衣服，赤裸的身躯暴露在凛冽的寒风之中。然后他扑倒在冰冷坚硬的湖面上，希望用自己发抖的小小身躯中散发出来的热量融化身下的坚冰。如此虔诚的孝敬之心怎能不感动上天！坚冰在这位恪守孝道的小孝子身下融化开来，两条大鲤鱼从黑色的水流中腾空跃起。王祥高兴地一把抓住鱼，匆忙穿上衣服，向自己家里跑去。

王祥跪在凶恶的继母脚下，一头磕在地上，给继母呈上了她所期盼的鲤鱼。

这些故事都选自一本名为《二十四孝》的小书。每一故事都配有一幅木刻画，表现主人公尽孝的特殊场面。这本小书所记录的各种故事被中国人认为是历史事实。毫无疑问，这些故事对中国新一代人品质的塑造有着不可低估的影响。中国人有句名言：“百德孝为先。”在所有的品质德行中，没有哪一项能如孝道一样被如此精心而又源源不断地灌输进中国孩子的幼小心灵。

第五章　玩耍中的中国男孩

放学以后，做完功课，中国的男孩和女孩的生活又是怎么样的呢？不错，他们在衣着样式方面和祖父祖母没什么差别，而且还需要把学堂里学的那些极其枯燥乏味的东西背得滚瓜烂熟。但是，他们总得有时间去顽皮嬉闹或玩一些游戏，要不他们就不再是男孩或女孩了。这绝对是千真万确的。中国的男孩尽管没有板球或足球，没有弹子或冰球，对猎犬追兔游戏或划船没有任何概念，但他们绝对不缺少玩游戏的乐趣。他们也许比英国孩子看上去更老派、更严肃，但他们在玩游戏时的欢乐心情和尽兴程度绝不亚于英国孩子。

放风筝是中国男孩的一大乐事。当然风筝并不是孩子的专利，他们的父亲和祖父也同样爱放风筝。他们有好多种知名的风筝！有的形状似漂亮的鸟儿，或像蝴蝶，翅膀在风中一扇一扇的；有的形状像人或不同的动物，比如龙或蜈蚣。有时在风筝的尾部还挂着一盏纸灯笼，点亮后徐徐上升，就如同暮色中一颗闪烁的星星。有时一组鸟儿形状的风筝用短线牵在主线上，放飞时就如同一群小鸟围着一个中心在飞翔。

每年的九月初九，人们开始放风筝。选定这一特殊的日子，就如同中国其他事情一样，都有其迷信的渊源。他们说：

“在很久很久以前，有个男人得到了一个警告，说是一个大灾难将要降临在他及其家人身上。这一时间来到时，他与所有家人都离开家，到大山里的荒原去躲避。等到夜幕降临，他们回到家，却发现家里的所有牲畜都已死亡。那天正好是九月初九。从那以后，人们会小心翼翼，尽量不要在这个曾经带来厄运的日子离开家。为了在那一天多一点欢乐，人们就开始以放风筝取乐。”

大大小小、各式各样的灯笼则是每年正月的一大特点。从正月初十至十五，中国城市的街道上真是热闹非凡。虽然大多数的商铺都关门歇业，所有其他生意都要停半个月左右，但灯笼生意却红红火火。中国人发挥自己的聪明才智，创造出各种新式的灯笼。灯笼商们把各自的灯笼挂在一根长长的竹竿上，竖在那些已经关门的店铺门口招揽生意。街上挤满了观光客和买货人，要想在人群中往前走可不是一件容易事。

大多数灯笼是由色彩鲜艳的纸张糊在轻巧的竹架子上而形成的。有的灯笼形状像个球体，固定在一根棍子的一端。还有的像兔子、马或家禽，下方有可转动的轮子。有的取形于虾、蟹或甲壳虫，有的取形于人们喜爱的花朵，如荷花或山茶花。也有很多用轻纱或丝绸做成的灯笼，上面画着各个神话故事或历史故事场面。最昂贵的一种灯笼使用了转轮和细金属丝。灯笼中的火点燃之后，热气会使灯笼旋转。旋转的灯笼外壳上有一些小型的人物或动物模型。它们的头部、腿部、胳膊都由细金属丝连接，可以移动，构成了一幅幅流动的图画：这边你可以看见一位老翁在钓鱼，那边一位船夫在河上划船，这边又有两位绅士在拱手互致新年问候。

如果中国男孩想得到更激烈的乐趣，他们可以玩板击球，不过他们击球用的不是拍子，而是脚上厚厚的鞋底或者脚背的内侧。这种游戏在中国称为踢毽子游戏。他们玩得非常熟练，一个毽子可以上上下下踢两三百次而从不失脚。

“打球”是中国男孩很喜欢的游戏。英国男孩肯定会觉得这项游戏枯燥无味，因为这个游戏只是反复用手把球拍打到地上。

“打陀螺”就是鞭打陀螺的顶部。中国的陀螺是由竹子做成。竹子中间穿过一块木头。陀螺边上有一个窟窿，旋转时会发出嗡嗡的响声。

“藏猫猫”和英国的捉迷藏很相似。一个孩子眼睛被蒙上，然后尽量去抓身旁的其他孩子，而这些孩子跑向各个方向以避免被抓住。

“抓虾米”是另一种游戏。在游戏中，所有的孩子都被蒙上眼睛，然后试图互相抓住。

“打板”很像英国的跳房子游戏。在游戏中，每个孩子都有一块平面的石板或一枚铜钱。每个孩子都站在一条画好的线的后面，第一个孩子扔出自己的石板后，其他孩子都要努力用自己的石板击中第一个孩子的石板。

“舞龙灯”是中国男孩在春季最喜欢的一项娱乐活动。如同其他娱乐活动，它也有其宗教或迷信的含义。舞龙灯时，随着“巨龙”在城市的街道中穿行而过，人们普遍相信，任何邪恶都将被它一扫而光，尤其是在各种病魔猖獗的新年正月，舞龙会十分奏效。

这条龙的身体由数只庞大的灯笼连接构成，上面覆盖着彩色的纸和布。通常，这条龙有30至40英尺长。它的身躯有数不清的关节，使得它可以扭曲和朝各个方向转动。它巨大无比的龙头和左右摇摆的尾巴的确非常引人注目。

龙身的许多关节处都绑着长长的竿子。在晚间，龙身被点亮。这只全身布满关节的怪物被人们举着在街道上游走，忽而向左、忽而向右地调头拐弯，时而抬起其面目狰狞的头颅，时而张开大大的嘴巴，它的身后跟着数不清的人群。舞龙队伍走到哪里，哪里就会锣鼓喧天、鞭炮齐鸣。如此喧闹，真是令第一次经历这种奇特场景的西方人瞠目结舌。

与舞龙相似的另一种游戏叫作“狮子舞绣球”。狮子的制作方式与龙差不多，由两个男人或者两个男孩操作。舞龙用的竿子不再使用，但男孩把头钻入狮子的身体之中，他们的身体和腿部则装饰起来，打扮成狮子的腿。整个造型模拟狮子这一百兽之王正张着血盆大口。这样的造型对藏在狮子身中的舞狮者很有利，因为他们可以从这个窟窿中随时观察外面的情况。中国人总以为，狮子很喜欢玩球，于是，玩这个游戏时必有一个男孩手挑着一个巨大的绣球走在狮子的前面。举球的男孩在前面欢蹦乱跳，随心所欲地左奔右跑，但无论球走向何方，狮子必然跟到那里。这样一来，不仅使舞狮子的男孩感到无比兴奋，而且也使挤在街上的观众快乐不已。

街头木偶戏

类似英国的《潘趣和朱迪》[①] 之类的木偶戏也是中国儿童喜好的娱乐形式之一，而且很多中国人认为，英国的木偶戏其实是从中国传过去的。不管这是否属实，但好几百年以前，这种游戏就已经在中国家喻户晓，这是不争的事实。

至于中国男孩爱养的宠物，有些和英国孩子喜欢的差不多，例如兔子、小猫和金鱼。许多男孩，甚至包括那些上了年纪的人，都爱养蟋蟀。中国人太喜好赌博，连小孩子也不例外。我们常常见到中国的孩子模仿其父辈，把两只蟋蟀放进一只碗或深盆中，用一根草或棍去挑逗它们，让它们相互残杀。每个孩子都掏出自己所有的铜钱下注，赌一下自己选中的蟋蟀是否能在搏斗中成为赢家。

中国孩子也喜欢很多小鸟，其中包括金丝雀、云雀和一种人们特别喜欢的被称作“画眉”的鸟。你常常可以看见男孩子手举着鸟笼在城墙上行走，或者到其他空旷地方给鸟透气。还有一种能给孩子们带来巨大乐趣的小宠物，那就是蝈蝈儿。初夏时分，蝈蝈儿在花茎上或草丛里嘶哑地鸣啼时，孩子们就把它们抓来。可怜的蝈蝈儿被关在一只竹编的小笼子里，小主人不时地挑逗它，让它发出阵阵嘶哑鸣叫，与它在自由无拘时所发出的不成调嗡嗡小曲毫无二致。刺猬和乌龟

① Punch and Judy，英国传统滑稽木偶戏。一说源自 16 世纪的意大利那不勒斯，当时的男女主角名字分别是“Punchinello”和“Joan”。1662 年 5 月 9 日，在伦敦考文特花园市场上演的潘趣木偶戏首次出现在英国作家塞缪尔·佩皮斯（Samuel Pepys）的日记里，后来这一天被当成了这种木偶戏的生日，至今每年都有庆典。

斗蟋蟀

也被孩子养作宠物。人们认为，乌龟能活很长的寿命，因此常把它与鹤用在一起，作为延年益寿的象征。

中国孩子的玩具很少能经久耐玩的。街上没有多少固定的玩具店。孩子的玩具通常是一些廉价的玩物，由卖小玩意儿的流动商贩出售。每当这些流动摊子来的时候，总会鸣锣开道，而一听到锣声，孩子们便会飞快地跑出屋来，其效果就如同哈梅林的魔笛手[①]的音乐响起一样。孩子们跑到街上，围在装满小泥塑或卡片图形的担子周围。

流动玩具摊

担子架上还有装着小小鸟儿的鸟笼，小媳妇骑在骡子上的泥

① 典出欧洲古老的民间传说。在德国普鲁士的哈梅林（Hamelin）曾发生鼠疫，死伤极多，人们束手无策。一位法力高强的魔笛手，身穿红黄相间的及地长袍，自称他能铲除老鼠。镇上的主事者答应给他丰厚的报酬，魔笛手便吹起神奇的笛子，把全镇的老鼠都引到了河里淹死了。但是那些见利忘义的主事者却没有兑现承诺。花衣魔笛手就又吹起神奇的笛子，全村的小孩都跟着他走了，从此无影无踪。

塑，以及带着一面小鼓，边走边打鼓的小车。担子中还有不少神像或鬼怪像。不时也能看到一个稀奇古怪的小人像，手握小棍，满头金发卷，身穿紧身衣，据说这是专为“外国蛮佬”准备的。

流动糖果担

大多数中国孩子可以说是“甜嘴巴”。好在他们这种想要糖果和蜜饯的要求能够得到充分满足。中国的糖果贩子常常把他们所有的货物都放在一个由一根扁担两只筐组成的担子里。其中一只筐子里装的是锅呀、盘呀和其他兜售货物时必须用上的家什儿，另一只筐里整齐诱人地摆放着各种大小不同、形状各异的糖果。不少糖果上裹着花生或核桃的颗粒。在这些糖果担子前，常常能看见一个转盘，沿着转盘周围放着一圈麦芽糖。没有几个中国男孩能经得住这种诱惑。他们常花上一个铜子，去转动转盘，希望自己的运气能给他们带来两块或三块糖，而不只是一块。

坚果在中国的孩童中也很受欢迎。除了花生和核桃外，他们还喜欢吃荸荠、西瓜子和葵花子。砍成众多小节的甘蔗，只需花不到二十分之一便士就能买到一节，也是孩子们有钱必买、很快就一抢而光的东西。所以你们可以看到，中国孩子不仅在玩游戏方面和英国孩子一样疯狂，在享受糖果的美味方面也毫不逊色于我们英国的孩子们。在英格兰，每年我们要花掉多少钱来买甜食啊！它们的滋味又是多么美妙啊！

中国孩子和英国孩子的不同点在于，我们推崇需要剧烈运动的体育项目，而在中国，所有剧烈运动都是不提倡的。一个男孩的举止越庄重严肃，就越能得到大人的赞许。

中国孩子善于猜谜。据说古时候有一些在设谜和解谜方面聪明绝顶的神童。中国的谜语绝大多数都很难用英语表达，因为它们用上了汉语的双关语，或使用了某一汉字的特有书写方式，或借用了两个字形相似但意义不同的单字。我对后一种情况举两个例子。

秀才的“秀”与秃子的“秃”字形相似，但意义不同。

一个爱拿别人取笑的秀才问一个和尚（通常被认为是无知的）：“你知道‘秃’字（秃子）怎么写？”他用秃子暗指和尚，因为秃头通常是和尚的显著标志。

“这很容易。把秀才（秀字）尾巴去掉，再转过来就成了。”和尚出人意料地回答。

另一个谜语与英国的许多谜语差不多：

“什么字举在头上很费劲，而放在脚下很有钱？”

谜底是“田”字。因为“田”在“富”字的脚底，而在“累”字的头顶。

其他的谜语用英语理解不成问题。我下面举几个例子：

“什么火没有烟？什么水里没有鱼？”

谜底：萤火，井水。萤火虫的火没有烟；井水里没有鱼。

“什么东西两张口，白天休息晚上走？”

谜底：灯笼。

“什么东西我们觉得太多，而什么东西我们想要的更多？”

谜底：夏天的暑热，冬天的白昼。夏日的暑热太多，而冬日的白天时间太少（因此我们想要的更多）。

“什么是天上的眼睛？什么是水的骨头？什么是蓝天的镜子？”

谜底分别是星星、冰和大海。

“什么张大嘴，行走像土匪，走一步，咬一嘴？”

谜底：剪布的剪刀。

猜谜在中国各个阶层都非常受欢迎。在灯节的时候，你常可以看见一组文人学士，或一群普通百姓，围在悬挂灯笼的门边，猜着灯笼上的各条谜语。

中国灯笼和扛灯笼的人

猜中谜语能获奖品。奖品有大有小，可以大到几百文铜钱，也可小到区区的一些瓜子糖果。人们争先恐后地竞相猜谜，倒不全是为了奖品，也是为了参与这一项极富竞争性的游戏。

第六章　在家的中国女孩

如果你问一个中国人，家中有几个孩子，他会告诉你，他有几个儿子。也就是说，女孩不在计算范围之内。在他看来，那些无用的丫头片子怎么能与深得父母欢心的哥哥弟弟们相提并论呢？他们可是父母千盼万盼才得到的，再多也不嫌。

“一个男孩能顶十个女孩。”

“女孩只要不惹祸就足矣，你不可能指望她能派上什么用场，或者能大有作为。”

此类的话要写下来有很多很多，但单单这两句就足以表明女孩子在中国是多么被轻视了。

我真希望英国的女孩能想一想她们在遥远的中国的姐妹们！往回看，她们的童年与英国女孩的幸福童年相比，差距已是那么大；往前看，她们未来的前途将会有更惊人的差别。

让我们找一些中国家庭，不管他们富裕也好，贫穷也罢，都停下来往里瞧瞧，看看中国人家的女孩到底过着什么样的生活，了解一下她们为什么如此不被看重。

女孩是无用的累赘，这似乎是人们的共识。其中一个原因如中国的一句老话所言：“女儿虽好，但只是篱笆外的竹笋。”

也就是说，女孩也许漂亮可爱，但她不属于这个家。好不容易把她拉扯大，能回报孝敬父母了，但却得嫁出去成别人家的人，一走就再也回不到家中，甚至连见一次面都很困难。

在中国，女孩在自己家过了几年孩童生活后，小小年纪就被嫁出去，或者被领到许配的小男孩家里。从此以后，父母就很少能见到她们。

但更重要的原因是其父母对女孩的失望心理。她呱呱落地，第一次睁开小眼观看这奇妙的新世界时，她的父母就感到失望，认为她顶替了他们盼望已久的儿子来到这个家里。你或许会问，他们为什么会那么看重儿子呢？主要的原因是，儿子越多，自己的地位就越重要。儿子长大后不仅不离开祖辈留下来的这片屋檐，而且会带来年轻的媳妇，使这个家庭兴旺壮大。一个有着许多儿子的父亲用不了多久就会变成一个举足轻重的人物。

除此之外，人们相信，人死之后要进入到一个无法看见的世界中，但他仍像活着时一样，需要食品、衣物和钱财。中国人相信并创造了一种给亡者提供这些物品的方式。他们焚烧纸钱、纸衣、纸房子、纸家具和纸仆人，让这些物品随着一缕缕青烟飘到亡者的世界之中。而这一切只有男孩才能完成，只有男孩才能为其亡父亡母提供此类服务。如果一家中只有女儿，就没有子嗣在亡者灵牌前祭拜焚香。中国人相信，灵牌是亡者回家的必经之路。他们认为，人死后有三个灵魂。一个在死亡时被埋入了坟墓，还有一个进入了阴间，第三个就寄宿在灵牌之中。一人若无子，死后便无人照顾，灵魂将会忍饥受冻，无家可归，只能赤身裸体、无边无际地游荡在黑暗的阴间。如果他们相信这是真的，那中国女孩处处受歧视、不被看重，而男孩却被千般珍视、万般宠爱，大概也就不足为奇了。

有时候，小女婴刚刚出生，她的父亲就会叫一个瞎子算命先生来给她算命。算命先生据说能知晓人们的未来。在中国的大街小巷，随时随地都能看到这些人来回游荡，手里提着一面小小的铜锣。他一路走一路敲锣，让人知道他的光临。主人求他给一个小女孩算一命时，他会要来这个小女孩的生辰八字，掐指推算，然后就可能会告诉其父母，他们的小女儿将会一辈子受苦；她的八字不好，今后不管怎样都不会幸福。女孩的父母就会想，如果他们的女儿一辈子要受苦，不如马上把她送到尼姑庵去，让她在那里长大成人，至少她今后不会缺衣少食。这些被送到尼姑庵的女孩会在那里学习缝补针线，织布绣花，也常常学一点读书写字。她们服侍庵里的老尼姑并帮助主持庵中的活动。总体来说，相对大部分在自己家中长大的女孩，她们的生活确实要好得多。

有时候，算命先生会说，这个小女孩命中充满杀机。今后不仅她会受苦，还会连累家人和朋友。最糟糕的是，她会殃及她兄弟的性命。如果他的兄弟属兔，而她属狗，那么她的存在就会使其兄弟夭亡，因为狗是容不得兔子的。唯一的方法是将她去除。在这种情况下，这个小女孩估计就会被送给一个愿意收养她的妇人。这位妇人把她带回家中养大，当她家小男孩的童养媳。通常，这样的交易是要付钱的，但不会给得很多，大约不足英国的一先令。这一价格不足为奇，因为这个小女孩本来就被认为不值一钱。有时我看见一个小女孩坐在一个中国妇女身旁，就会情不自禁地问："这是你的女儿吗?"但常常得到的回答是："不是的，她是许配给我儿子的童养媳。"随着她的回答，她把眼光移向正在一边愉快玩耍的一个小男孩，而那男孩似乎对周围的一切置若罔闻，只对玩地上的泥团感兴趣。

如果生下的女孩眼睛失明或身有残缺，她生存的可能性就更加微乎其微了。

我认识一个女孩，是个跛子。她的家人铁了心不留她。他们把她抱到我们教会，丢弃在大门口，看看那些"耶稣教士们"是不是能够收养她。我们把她抱进门来，给她穿上舒适的衣服，给她喂食，与她说话时，她有多开心呀！她是那么急迫、专心地听着有关耶稣和上帝慈爱的故事，比如上帝如何使跛子走路，如何把他的温暖大手放在孩子们的头上，无论是男孩还是女孩，都能得到他无限的爱。

几年后，这个跛脚的小女孩开始在教会学校中向新生讲述使她心里充满欢乐的福音故事。你能想象，我们这些传教士见到此情此景时，心里是多么的快乐。现在她已到了既为英国孩子也为中国孩子准备的天国家园。我想，虽然瘸腿使她身体上遭受了莫大痛苦，但是她一定时常为自己是瘸腿而庆幸，因为如果她身体完好健康，她的父母也许绝不会把她遗弃在教会门前。她也许会像成千上万的中国孩子一样，在还未聆听到上帝的呼唤时就已经死去。

也许你会问，这些中国女孩长得什么样？她们许多人有着明亮迷人的脸庞。所有的人都有一双黑色的眼睛。根据她们所住的省份不同，她们黑黑的长发有不同的发型和装饰。在大多数地方，她们的头发都会向后梳，编成一根粗粗的辫子，扎上一根大红色的发带，垂在身后。她们额前的头发常常被剪齐，留一个像英国姑娘一样的刘海。有时她们梳成两根辫子，扎在头的两边，并插上鲜艳的花朵。在其他时间，尤其在冬季，她们会戴上一种奇怪的小头套，由丝绸绣花套箍组成，黑色丝穗从套箍上垂下来，覆盖住前额和耳朵。女孩13岁左右时，她的头发将被隆起，梳成妇女的发式。头发被拧成发髻，盘绕在各种样式的金属丝发卡周围。有的发卡样子如蝴蝶翅膀，有的则像茶壶的壶把。一些年轻姑娘的发髻非常大。满族女孩把头发定成一个扇形，顶在头上。结婚前，大多数女孩前额头发梳理成圆形，以保持前额的自然形状。婚后，前额的头发被梳理成方形，额际上的不少绒发被拔掉，使前额显得更宽更高。如果女孩家境富有，从很小的时候起，她们就开始戴耳坠、手镯和戒指。

身着节日盛装时，大多数女孩都会在脸颊上抹上胭脂，并在下唇下方涂上一点。她们还在脸上扑上大量的香粉。

中国的女孩很少注意时装的更新。不同省份的女孩和妇女的服饰在裁剪上会有一些微小的差别。但无论在哪里，昂贵的外衣和绣裙通常都是从祖母那里一代一代传下来的。随着年份的更替，对服饰原料和色彩的偏好会有所不同，袖子的宽窄和装饰的风格也会有所差异，但这些差异远远不像西方国家时装界那么明显。

夏季，中层和上层社会妇女的内衣通常是由细薄的丝绸制成，而冬季则是由棉布制成。外装的样式基本相同，但面料和色彩却丰富多样。夏天时节，宽松的上衣常由漂亮的中国薄绸做成，色彩常采用浅蓝、浅绿和浅灰色。裤子的面料常与上衣的面料相同，但往往配以不同的颜色。你常常可以看见人们穿着绿色的上衣配着红色的丝裤，或者紫色的纱裤上面罩着一件宽大的印花蓝绸外衣。这些绚丽的服装常镶着金穗边，由不同色彩的绸缎加以装饰，宽大的袖口缝着一条宽宽的缎条，上面绣着仙境、花鸟等图案。

然而，中国年轻女孩服饰最重要的一部分应是鞋子。多么小巧玲珑的鞋子！它们由彩色的丝绸或缎子做成，上面绣着极为精美的图案。色彩亮丽的鞋跟，在宽大的裤子下面时隐时现。她们的脚那么小，与“金莲”这一美称名副其实。不过，当你发现，所谓的“金莲”其实是由惨无人道的折磨而导致的，你会感到无比悲哀。那双隐藏在小巧玲珑的鞋子里的小脚根本不成为脚，而只是一堆扭曲和断裂的骨肉！

这种扭曲的小脚并不是人们有时说的那样，是由穿铁鞋或木鞋导致的，而是在女孩只有 6 岁时缠上 9 英尺长的窄纱布而绷裹成的。

纱布的一端放在脚背之下，然后缠过除拇指外的四个脚趾，然后又裹向脚底。另一条纱带从脚跟缠起，尽量绷向大拇指，使脚底形成一个凹口。所有的纱带都裹完后，把纱带的最后端缝实结牢，让裹着的脚在这种状况下待一两个星期左右，其间会不时地加上一些干净的绷带。不过，缠足必须在很短的时间内就生效，否则可怜的麻木的脚又要开始血液循环，疼痛将变得难以忍受。在这一过程中一个女孩失去一两根脚趾是常事，但脚缠好后，她会觉得自己得到了回报，即她有了一双无与伦比的小脚。母亲和乳母常常是这种酷刑的执行者。有时我们路过一个中国人的家时，常能听见孩子因缠足而发出的痛苦哭喊。

传统习俗的力量大得惊人。对中国女孩来说，与其被嘲笑与其他女孩不同，或被邻里讥讽“你看，那双脚大得像两只大船”，她宁愿去忍受那巨大的痛苦。我认识几个女孩，她们的父母因受到教会的感化而没有给自己的孩子缠足，可孩子们自己却悄悄地找来绷带，试图自己给自己缠小脚。

缠足的第一年，孩子们得忍受毫无间歇的疼痛。她们使用了数不清的方式来麻痹自己的脚，以减轻痛苦。在炎热夏季，她们浑身发烧，躺在凉席上，度日如年。在寒冷的冬季，她们任何被子都不敢盖，因为如果四肢受暖，疼痛会越加难忍。刚开始缠足时，女孩行走十分不便。她只能把双膝放在两只小凳上，双手交替挪动凳子，向前爬行。最后，苦苦期盼的小脚终于裹成，成了她一辈子的伴侣，也使她在朋友中倍受钦羡。

“她有一个多好的妈妈呀！”人们看见她异乎寻常的小脚时，常会发出这样的感叹。

我曾参加过一个女孩的葬礼。我在为这个家丧失了女儿感到悲痛时，女孩的母亲却对我说：“唉，可惜那双小脚了。

如果她还小，脚还没有裹成，也就罢了，可现在她都已经长大了，而且有着小脚中最小的脚。”在婚礼上，客人们谈论新娘子的情况时，不谈她是否善良，是否聪慧，是否漂亮，而是询问姑娘的小脚到底有多小！

三寸应该是她们所穿的时髦小鞋的标准尺寸。就是在这么一双小鞋里，中国的淑女们一瘸一跛，靠着孩子的肩头或者一根坚硬的拐杖支撑，蹒跚而行。一些富有人家太太的脚几乎毫无用处。虽然身居宽大的庄园，她们却无法靠自己的脚从一个屋走到另一个屋，只能靠那些大脚佣人背着她们在家园中来回穿梭。有些妇女虽缠过足，但脚还不至于太小，能自己行走，但要她们走上几里路就显得十分困难了。中国的诗人曾如此形容这纤纤小脚：“行如风摆柳叶。”但在英国人眼里，这种步态就好比人们只用脚跟走路那样东倒西歪，算不上什么优雅。

这种习俗与宗教无关，也非国家法律明文规定。实际上，满族妇女并不缠足，大脚女人照样被允许穿行在皇宫内院。看来，只有当基督教传播，普通百姓增强了基督教的情感，对弱者施与仁爱，对痛苦者给予同情与柔情，才能在中国人家中铲除缠足的恶习。

基督教的这种影响已经开始奏效，过程虽然缓慢，但效果很明显。在我们几家当地教会的帮助下，反对缠足的团体不断产生。参加这些团体的人不仅有女孩的监护人，也有男孩的家长。只有当人们愿意让他们的儿子娶大脚媳妇时，才能在中国大规模地终止缠足行为。许多中国的基督徒说：“我决不再让我的女儿们缠足了。除了基督徒外，她们谁都不嫁。”他们是这样说的，也是这样做的。当然，他们这样做会面临很多我们英国人难以知晓的考验和困难，在很多时候甚至是迫害和受难。

缠足这一习俗的起源谁也说不清。一种说法认为这是来源于古代的一位妃子。她为了掩盖自己的残疾，或为了使自己的脚更小更好看，开始了缠足。还有人说，缠足是为了避免妇女过多离家外出。中国人认为，女孩子到外面去玩，肯定会引起麻烦。有一本书大力赞颂了古时候的一位著名女士，只因为她“十二年间从未往家门外看过一眼”。

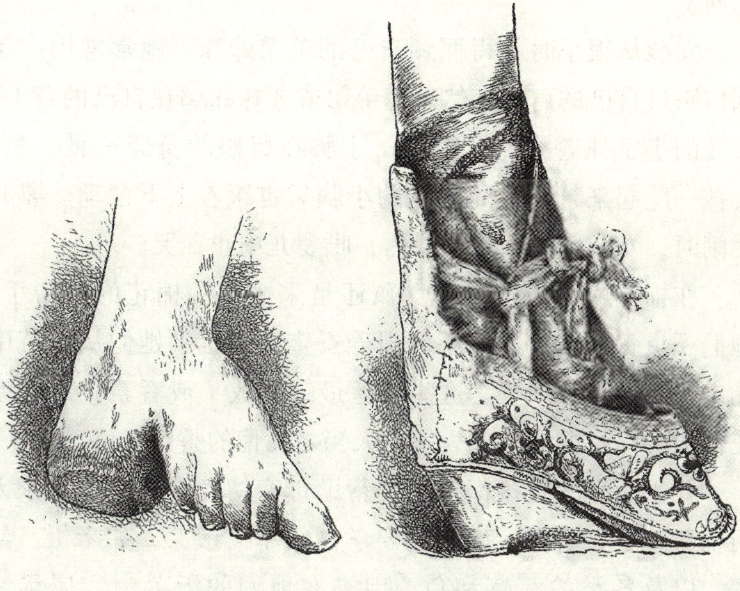

三寸金莲：裸露在外与穿在鞋里

富有人家的闺女几乎很少出门，但贫苦人家的女孩出入就自由得多，也更欢快活泼。婴儿期一过，刚刚能提着篮筐，抓住个小耙子，这些女孩就被打发到城墙边、荒地中或邻近的山坡上，为家里拾煤捡柴。

这些孩子捡些干草或树枝，收集些落地的松针，或任何可以用于生火的东西，而在中国，生火只被用于做饭炒菜。中国人通常并不会特意为难孩子。如果孩子捡不到足够的柴火做饭烧水，最大的恐惧也不过是害怕挨一顿打。在万物复苏的春季，荒地中、城墙边的山坡上长满了新鲜的野草野菜，孩子们的篮子里就会装得满满的，为家里的饭碗增添些吃的东西。

女孩从很小时就得照顾自己的弟弟妹妹。她常常用一条围巾跨过自己的肩头，然后把弟弟或者妹妹绑在自己的背上。婴儿的小手抓着姐姐的脖子，小脚在姐姐的身旁一晃一晃。女孩一跑起来，背上的婴儿的小脑袋也跟着上下摆动。婴儿哭闹时，女孩则来回晃动身体，哄婴儿中止啼哭。

在棉花成熟季节，小女孩还是采摘雪白棉花的好帮手。她们还负责养蚕，采摘桑叶喂养蚕宝宝，直到她们从蚕茧中抽出根根漂亮的细丝。这些细丝最终织成了或者素雅或者繁花似锦的昂贵绸缎，成为中国人当之无愧的骄傲。

几乎所有的女孩都得学会帮助母亲纺纱织布，以备家人粗棉薄纱之衣所需。她们还要学做简单的饭菜，如米饭、红薯，以及各类的蔬菜和鱼。肉类在他们的饭菜中实属稀罕之物。

许多小女孩在很小的时候就能为自己的家里赚些收入。她们通常在母亲的指导下，学着用自己灵巧的小小指头，做出许许多多手工活儿，变卖成小钱，为家里的收入尽一丝绵薄之力。

许多女孩学习做鞋底。她们把旧布一层层贴在一块木板上，直到布的厚度达到约半英寸。然后把木板连同布放在阳光下晾晒。鞋底晒干后，她们把它从木板上揭下来，就可以用来做鞋了。她们同样也受雇做一些应季活儿，比如制作各式各样、大大小小的灯笼。这是每年正月节日中各地都需要的节庆物，经常是供不应求。在华中地区，我们看到女孩们坐在待绣的枕头旁，转动着线轴时，就会情不自禁地想起英国那些制作花边饰带的作坊区。我们看到的中国姑娘穿梭引线的劳动场面与柯珀在白金汉郡村见到并描述的场面几乎完全相似[1]：

村姑门前织布忙，
线轴花枕充店房。
穷欢乐，心满足，
穿梭引线度时光。

① 威廉·柯珀（William Cowper，1731—1800），英国诗人和圣诗作者。他的诗作通过描绘日常生活和英国乡村场景，改变了18世纪自然诗的方向。文中的两节诗都来自他的诗“真理”（Truth）。

但愿有一天，这些中国女孩除了繁忙地穿梭引线，还能把基督的真理引入心田：

闪着激动的眼光，
追寻《圣经》的真理。
那是天上的宝藏，
也是她们的梦想。

有些姑娘能熟练地为珠宝店糊小礼品盒，也有很多姑娘的工作是把丝线编成辫子，供人们把自己的辫子变得更长。

刺绣活儿也为大量的妇女和女孩提供了工作。在很小的年纪，小女孩就跟着母亲学做刺绣活儿。许多女孩由于眼睛离刺绣框太近，变成了终生残疾。鞋店和服装店也为那些辛苦劳作的忙碌者们提供大量的工作，但他们所得的报酬低得可怜。

大部分情况下，这些女孩做普通的刺绣活每天最多可赚3便士。即使那些令所有英国女士都爱不释手的精细的刺绣活儿，每天从清晨干到黄昏，每人也只能赚八九个便士。不过相对其他行业，敬神祭祖的纸钱行业是女孩被雇佣得最多的行业。通常情况下，用于敬神祭祖的纸钱只是一些薄薄的中国软纸，中间打着洞，就像钱币的洞口。然而，较精致的纸钱制作起来则需要用上小女孩灵巧的小手。这些精致纸钱形状类似锭块，看上去与大商户交易中使用的银锭样子差不多。在制作这种纸钱时，许多张厚纸被拧成真正的锭块状，然后用金箔或锡箔糊在它们的表面。最后把这些纸钱二十个或二十几个串成一串，代表着在阴间所用的一大串冥币。

家境很穷的女孩被卖给富裕人家的太太做奴仆，也并不少见。卖身的价钱有所不同，但通常不会超过5英镑。这些女孩通常被买去伺候女主人的孩子，挨打挨骂的情况并不多。但是有时候会碰上脾气暴躁的女主人，为一点小小的过错而毒打女孩，或者把她饿个半死。遇到这种情况，这些女孩子的命运真是非常悲惨的。

在汉口，有一个小丫鬟被女主人残酷地殴打，绝望之中，她吞食了一块鸦片，希望能以死来逃脱痛苦的命运。这个小丫鬟是女主人两年前花40英镑买来的。她只有13岁。这家的主人发现小丫鬟自杀后，用了好几种当地的解药来救她，其中一种就是使用刚被宰杀的鸡禽的鲜血。但当看到这些都无效时，主人只好来求外国传教士，因为他们听说欧洲人能够把鸦片中毒初期的人解救过来。教士来到小丫鬟的住所时，发现已经太晚了。他竭尽所能抢救，但这个可怜的小姑娘再也没能醒过来。

还有一个小丫鬟，她的女主人家所在的地区最近刚发生过大饥荒。趁着一片混乱，这个小姑娘逃出主人家，由一个亲戚带领来到教会学校。教士们收留了她，但对她的过去一无所知。随着时间的推移，这个女孩在学习上进步很快，听到了上帝为包括小姑娘在内的众生的幸福而舍身的福音。她的新生活过得十分快乐，直到有一天，一些中国女士要求查看这所学校。要求参观的事情经常发生。人们发现，这个女孩看见这群女士非常害怕，但她并没说明自己惊恐不安的原因。不久，真相大白。那些女士中有一位正式要求索回这个孩子，声称这是从她家逃出来的丫鬟。这个小姑娘哭着，抓着传教老师，哀求他们让她留下。但是由于情况很清楚，那位女士的要求无可置疑，这些老师尽管心里十分难过，但只能将这个女孩交还给其主人。

我还知道另一个女孩。她从小就被卖到一个相当破落的人家去，给那家的大儿子当童养媳。后来那个男孩死了，这家人就把这可怜的小女孩当成家中的苦力。他们从不称呼她的名字，只叫她丫头。她当时只有10岁左右，但每天都要把主人家一个4岁多的孩子整天背在身上。她身体不壮，日复一日地背着一个大大超过她承受能力的沉重负担，使她患上了髋部疾病，终日疼痛难当。主人对她不能再干活气愤不已，既不理睬她的痛苦，也不允许她来教会医院就医。后来，教会寄宿学校的老师登门拜访，竭力劝说主人家同意把这个小姑娘交给他们照顾。由于这个孩子已不再可能为主人家干活，主人终于松了口，把孩子交给了老师。就这样，这个小小的残疾人终于找到了基督教这个温暖的家。我最后一次听到她的情况时，说是她的身体有些康复了。

还有的女孩虽说不是被卖掉了，但在家里困难时期会被典当给别人家。不过，只要还清典当时的押金，父母还能把她们赎回来。

我还没有谈及中国女孩的教育问题，因为除了极其特殊的情况之外，女孩子一般受不到任何教育。有时候，一些富有人家会让小女孩在短时间内和她的兄弟一起读书。如我前面所说，在尼姑庵长大的女孩一般都学过读书写字。

中国故事中的女主角不但能读能写，还能填词作诗。这是在中国学者中非常推崇的本领。但是这般才艺齐全的年轻女子更多的是出现在故事中，而非现实中。这并非说中国女子缺乏智能，而是在中国，人们认为，让女子与她们未来的丈夫同等聪明是愚蠢之举。此外，人们还担心，如果让女子读书，如果读到一本坏书，她们会从书中学坏。中国的一本书中写道："女人心不坚，游移是非间。"但是在以往的年代，在中国的妇女中，尤其那些来自中上层社会的妇女中，不时会出现"耀眼的巨星"。她们对其国家的文学有着极深的造诣。

班昭就是这些有着杰出才华的女文人之一。她生活在公元一世纪。她认为女子应该受教育。唐朝的统治者太宗的位妃子①也这么认为。还有一位生活在相同历史时期社会上层的女士，为了准备其侄子进宫谋求仕途，花了大量时间和精力为他挑选、注解各类古籍中的经典段落和章句。

有几本书是专为中国女孩编辑准备的。它们的内容十分相似，书名中都包括诸如"女鉴""女训"或"内训"之类的字样。女孩常被教导要注重所有家务事项，尤其要遵循少女时期的着装规范和各种礼节。书中要求她们尊敬长者，极其详细地教导她们如何对待婆婆和未来的丈夫。她们还被要

① 当指武则天。

求遵守“三从四德”。四德指的是正确的行为规范，包括品、言、容、工。就是说做女子的，态度要谦逊贞顺，言语恰当得体，举止端庄稳重，做好分内的家务活，如浣纱织布、刺图绣花。古人用“丝橐”一词指四德中的工德。

“三从”表现为依赖与服从，即未嫁从父、既嫁从夫、夫死从子。这些中国女孩的启蒙读本中阐述并要求发扬光大的某些职责，即使在西方也得到认可。女孩应该忠诚、无私和有爱心，即：“心要静，人要敬，内省心，外表行。”女孩被规劝不要多管他人闲事，对丫鬟佣人要有容忍心和爱心。有一位作者在给女子的建议和行为规范的文章中谈到，“不可为区区小事而不依不饶，只因佣人丢了一两个小钱而痛打他们。这种行为看起来好似聪明之举，但实际上只是吝啬的表现”。

另一本类似的书中谈及了一个受过教育的母亲。她精心地教育孩子，给他们讲伟大的爱国者和政治家的故事。去世后，她在阴间被告知，她的儿子个个都是聪明的清官，敢直言正谏，拒绝受贿。“而这些都是其母亲教导的结果”。我还记得，1882 年，中国当代最伟大的人物李鸿章总督的母亲在武昌去世。她儿子们发表了回忆录。文中非常有趣地谈及了他们母亲的早年事迹，并把他们自己得到的各种荣华富贵、高爵厚禄都归功于母亲睿智的教育和持之以恒的关爱。

我上面提到的这些中国书籍也规定了女子的梳妆，甚至在梳妆时女孩应该想些什么，比如：“在给脸颊扑粉时，她们必须记住，心必须保持白净；在梳理鬓发时，必须想到，心也应精心调整；在上发油时，应努力使心地也同样柔软顺从。”大多数上层社会的女孩都学习过厨艺烹调。她们常被要求仿效那些永远精心监管为皇上制作的每一道饭菜的贤德皇后，为自己的丈夫和孩子准备好每一顿饭菜。在古时候，甚至有一类女士，把每天清晨进入厨房，为仆人熬粥，并监督仆人在干活前将粥喝掉的工作视为不可推卸的职责。

女孩还要学习热情待客，即使是陌生人也要热情招待。由于实际例子要比戒律更有说服力，书中引用了古时候一位热情招待客人的女中典范。这位杰出的女子在家庭落难时，竟卖去了自己的头发来买招待客人的饭菜，并清空了自己枕头中的稻草来喂客人的马匹。

可惜这些书籍只能为极少数的中国女孩阅读，因为正如我前面所述，很少有女孩学过读书写字。除了教会创办的女子学校外，其他女子学校几乎闻所未闻。

女孩长到 8 岁至 10 岁时，富有人家的就只能待在深闺大院，不得外出。人们的观点是，女孩子在户外被人看见是非常不恰当的。这些女孩子没有什么娱乐活动。尽管她们不必像穷苦人家那样忍饥受冻，但她们的生活范围十分狭窄，终日没有什么变化。

大多数大户人家都有漂亮的花园。花园中有穿过假山奇石的弯曲小道，有横跨小溪流水或一汪湖水的小巧拱桥，但即使这样，关在家中的生活仍然是单调无味的。

有些女孩学习乐器，学习唱曲或古典选段，但以欧洲人的耳朵听来，这些曲调音调过高，十分不自然，因此并不那么悦耳动听。

她们花很多时间进行刺绣工作。那些用于中国人服饰上的精美花鸟人形图案的样纸可以从刺绣商店购买。然而有些女士颇有创新天赋，能别出心裁，设计创造出自己独特的新图案。我亲眼看见过她们在那些昂贵的丝绸上绣出最漂亮的原创图案。刺绣商店里出售的各种绣品难以与它们媲美。

中国的女孩在很小的时候，甚至有时还在婴儿时，就被定亲。通常其父亲与有家有儿子的一位门当户对的朋友约定，在多少年后将给这对孩子成亲。他们会找来媒人，给双方孩子占卜算命，随后几天双方家庭开始等待、观察、考量。如果在等待的这几天内，家中出事了，如杯盏碗碟被打破了，或某件小物品丢失了，都会被看作是不祥之兆，这门婚事即可告吹。但如果一切平安无事，双方父母就会认为这门亲事可成。于是双方交换礼物。礼物中包括一对龙凤牌。一块牌子上镶有一条金龙，并写有与这个男孩相关的特定情况。另一块牌子上镶有一只凤凰，也写有与女孩相关的特定内容。一根红丝线，两头穿针，穿过每一块牌子，并互相交换，由对方父母保留，成为定亲的凭据。说到红丝线，中国有句老话说，两个注定要成亲的人是由看不见的线把他们连在一起的。

这种由父母一手为孩子操办的订婚，与婚姻一样有着法定的约束力，但这出戏唱主角的人物对此却一无所知。由于订婚的双方家庭彼此交流很少，中国人的婚礼上常常会悲从天降。有时，家庭的状况会大大地改变。一个想把自己女儿嫁给殷富人家儿子的家庭会发现他们最终把女儿嫁给了一个一贫如洗的人家。有的人家会发现订婚以后，新郎成了一个无用的残疾人。我还听到过，有一家的新娘后来身患严重的麻风病，而另一家的新郎罹患一种无药可治的绝症，病入膏肓。

娶亲之日到来时，新娘乘着一顶精心装饰的巨型大红轿子来到她的新家。随她前行的人中没有她的亲戚朋友，只有两个老太婆，其作用相当于英国年轻的伴娘。老太婆中的一人是媒婆，另一人是执掌娶亲仪式的司仪婆。新娘的家人按照习俗都应该留在家中，为她的离去嚎啕大哭。婚轿门帘打开时，人们见不到白色的婚纱，因为白色在中国是服丧期的颜色，婚礼中绝对不可使用白色。年轻的新娘通常穿着色彩艳丽的服装，但

花轿

最外面总是罩着一件鲜红色的大袍。她的头上别满了各式各样的金头饰，头上盖着一大块鲜红色的丝或布盖头，使她的容颜不被他人看见。

在婚礼早宴上，新娘和新郎单独坐在一起。新娘坐在那里，一动不动，头上仍遮着盖头。在这一早宴上，人们并不期望新娘吃任何东西。他们两人每人要喝两杯酒。酒杯用一根丝线连在一起。在早宴上，主持仪式的司仪婆开始大声吟唱一首专为这一场合而作的歌曲。在歌里，她预祝各种各样的吉祥幸福都会降临到面前的这对新人身上。

吃完早饭后，新郎领着新娘走进装饰一新的新房。新房中堆放着许多红色的箱子，里面装着新娘的衣装。这时新郎可以揭开蒙在新娘头上的盖头，第一次打量这位成为他妻子的女子的脸庞。不久，新娘和新郎一起共同敬拜祖宗灵牌和家里的长辈。盛大的婚宴将这一天的庆祝活动推向高潮。这以后，赴宴的亲戚朋友，无论男女老少，都可以进来一睹新娘的芳容，并对其容貌发表各式各样的评论，有的几乎带有人身攻击色彩。这是每一个中国的新娘都要经历的折磨。我参加过许多这样的婚礼，看见那些只是比孩子大不了多少的可怜女孩站在那里，全身发颤，脸孔下垂，脸上毫无表情。中国的新娘事先就被教导，不管别人说什么，无论是尖酸的挖苦还是友好的同情，她们都得表现得坦然自若。

新娘要在四个月后才能回娘家。通常这次回家是一次悲惨的旅程。小媳妇只有在这时才能痛述她那既武断又残忍无情的婆婆虐待她的经历。更可悲的是，这次回家常常是痛苦的小媳妇终结自己生命的机会。在她们看来，自己的生命毫无价值，失去它也是一件微乎其微的事情。

当然，也有相比之下算是幸福的婚姻，尤其考虑到使这些婚姻得以产生的各种因素。总的来说，在中国，所有妇女的生活都远比男人的生活更为枯燥和悲惨。而无论在哪里，只要对基督教仁爱的教导一无所知，这种情况就将永远存在。因为在那些地方，强权即公理，弱者只能在强者的统治下受苦受难。

如果中国的一个童养媳或小媳妇死了丈夫，而她试图吞食鸦片或采取其他方式跟着丈夫走向阴间，她会因此被大加赞许。在中国城墙之外或在城中的一些大街上，我常看见一座座牌坊矗立在那里，用以纪念那些孝顺的子女，或那些因丈夫去世而自尽的童养媳或媳妇。节妇殉葬的事件通常会上报给皇上。如果这个死去的年轻女子属于某上流阶层，皇帝会亲自命令竖立贞节牌坊。中国前驻英国大使的一位年轻女眷死后就得到了此荣誉。有关这一事件的报道刊登在中国官方的报纸《京报》上。

许多故事讲述了古代女英雄的美德。有些故事专门表现了好战的精神，但每一故事的主导思想通常还是弘扬孝道，褒扬不惜任何代价完成父亲愿望的忠诚之举。我将简述这些故事中的一个，因为这个故事表现了一些美德，值得花之国的女儿们大力效仿。

1400 多年以前，在湖南省有位著名的将军，姓花。花将军有一个独生女，名叫木兰。这个年轻的姑娘不仅会做所有女红，如纺线、织布和刺绣，而且也学会了拉弓射箭，并且有着高超的驾驭战马的本领。花将军是个非常勇敢的指挥员，他的名字震慑了对帝国肆意侵犯的边境部族。但是，这时他年事已高，恳请皇帝让他辞去那辛劳的职务。但是皇家的军队无法承担失去这样一位德高望重的将军。天子下诏，要求他不管年龄多高，身体多弱，要承受多大的辛苦，都必须坚守在领军的职位上。皇帝的诏书传到了这位卧床不起的将军面前，身居闺房、坐在纺车旁的木兰听在耳里，急在心上。木兰没有兄弟可以替代父亲领军打仗。她只是一个姑娘，但她毅然站起，决定像儿子一样担负所有的责任。决心一下，立即执行。她把自己的小脚套进父亲的战靴，头戴父亲的羽翎战帽，手持父亲的刀枪弓箭，跨上父亲的有名战马，带领军队冲在阵前。军队看见了他们所崇敬指挥员的武器和服饰，把这个姑娘当成了新任命的年轻军官，愉快地跟着她冲锋陷阵，取得战役的胜利。十多年过去了，木兰战无不胜，取得了一个又一个胜利。最后，所有的敌人都屈服了，大地又恢复了和平。这时的木兰回到了家乡，发现自己尊敬的父亲已经远离人世，而其他的亲戚却怀疑她的身份。最后他们确信，站在他们面前的人真的是木兰。他们张开双臂欢迎她的归来。皇帝听到传言，说是带领他那所向披靡的军队取得胜利的将军竟是一个女人时，便召她进宫，并让她与帝国的一位高官成婚。她死后，皇帝下诏为她竖立了一块十分雄伟的纪念碑，以纪念她的孝心和爱国事迹。

第七章　中国的两个小皇帝

英国和中国的第二次战争是1858年爆发的。战争于1860年结束，但在此之前，联军已经一把火焚烧了美丽的圆明园，园林的院墙坍塌在一片灰烬瓦砾之中。圆明园在北京附近。北京是中国皇帝的雄伟家园。

外国军队真的正往皇城进发的消息传来时，整个皇都一片恐慌。

消息由飞马信使传到北京，再由那里传到皇帝的住所。

通往皇宫的道路上三步一岗地布满了卫兵。他们把这一惊人消息通过自己的嘴，一个接一个地往下传达，迅速传到了皇宫。

皇宫内马上做出决定，立即离开北京，去往有八天路程的皇帝行宫热河。

来不及做任何准备了。整座城市都处于一片混乱之中。皇帝带着衣衫不整的侍从们仓皇出逃。这一旅程相当辛苦。他们不得不蹚水过河，一路颠簸。由于出发前匆匆忙忙，没有什么准备，就连皇帝本人也吃了不少苦。

当热河宫殿的雄伟大门映入眼帘时，每个人都高兴不已。热河行宫坐落在一片优美的园林之中，周围有成片的杉柏和其他树木的丛林，林中成群的梅花鹿和麋鹿在无忧无虑地漫步。这是一个非常美丽的休闲宫殿。但咸丰皇帝只是因情况紧急才迫不得已退居此地。人们说，这是一个对他的家族不吉利的居住地，因为他的祖父嘉庆皇帝就是在这里驾崩的。

提心吊胆的日子没过多久，有消息传到热河，皇帝可以安全地返回北京了。但是那些“外国佬”的所作所为使他们心里仍然充满恐惧，于是皇帝决定在他的幽静山庄再呆一个冬天。他再也没能见到圆明园被烧毁的废墟，因为还没到春天他就在热河驾崩了。

咸丰皇帝“驾崩”或“宾天”（中国人对皇帝逝世的叫法）时，留下了一个儿子，当时只有6岁。这个小男孩由两位皇太后监护。两位皇太后都是他父亲的妻子。一位叫作东太后，她是个了不起的女人。另一位是这个男孩的亲生母亲，人们管她叫西太后。中国的皇帝不能直呼其名，人们认为把他们的名字在平时使用是不恭敬的，所以在他们即位时便取用其年号。这个小男孩被扶上宝座做了皇帝，年号为“祺祥”，即“幸福吉祥”的意思。

不久，人们发现，皇朝的许多大人物企图铲除这个男孩的监护人，自己取而代之，监管这个国家的一切事务。

这一密谋马上被两位皇太后发现。她们带着她们监护下的小皇帝一起从热河返回北京。有一位非常睿智之人，被尊称为恭亲王，也奉命辅佐小皇帝。他一举把那些密谋者处死。由于这一事件，年号也更变了，从此之后变为“同治”，即“共同治理”的意思。

恭亲王

这两个共同辅佐小皇帝的皇太后被视为异常机智聪慧之人。这一点无可置疑，否则她们不可能将政权在手中执掌这么长时间。

就在不久前，人们还传说，有一位权高位重的朝廷大臣企图离间这两位太后。他经常在她们各自面前搬弄是非，捏造一些她们相互攻击的不实之词。两位太后听在耳里，记在心上，过后两人一起相互对证，发现了其中的破绽，也发现了这个大臣的阴谋，立即命令他吞金，也就是命令他为自己愚蠢的行为付出生命代价。

1872 年，时值 16 岁的同治皇帝大婚在即。在新皇后正式宣布前，许多名门望族家的姑娘云集在皇宫，等待着两位皇太后一一过目，从她们之中挑出新皇后。

在这之前，就有传言传出，太后早已选中了一个姑娘，想让她成为皇后。她的名字叫阿鲁特氏，是翰林院院士崇绮之女。

传言说，阿鲁特氏是个出奇美貌和聪明的女子。她的亲朋好友害怕这一危险的荣誉会降临在她的头上，于是都愿意帮她躲过这一劫。他们为了帮助她不被选中，找来填充物，垫在她的肩部周围，再盖上衣服，使她看起来像个残疾人。

但是两位太后机智过人，女孩的家人哪是她们的对手。她们既然看上了她来做皇帝的新娘，当然不会轻易放弃。她们颁布了一道懿旨，声称尽管这个年轻的姑娘身有残疾，但皇家太医的精湛医术已经去掉了她肩上的肿瘤，恢复了她挺直的腰板和优雅的身段，这一切清楚表明，天意注定，她必为皇后。

如此被推上高位的年轻姑娘在其短暂的一生中并没有得到什么幸福，尽管她的婚礼是那么富丽堂皇。在结婚大典的前一天，三位亲王受年轻的皇帝嘱托，去庙宇焚香祭祀，把即将发生的重要事件通告上天。另外两位亲王也被指派了同样的使命。一位去拜地母娘娘，把这一喜讯告知。另一位去拜皇帝的祖庙，把这一喜讯告知皇帝的列祖列宗。婚庆大典后不到两年，就从皇宫传来谕告，年轻的皇帝“喜遇天花”。天花在中国非常猖獗，患上这种疾病实属平常，但中国人宁愿认为，这是因为上天的特殊眷顾。

几天以后，又传来消息，这位皇帝驾崩了，而他的年轻皇后也因悲痛而气绝身亡。但是有人说，太后曾经颁旨，命她立即自尽。她是为了遵行她们的旨意，绝食身亡的。

皇帝驾崩后，当务之急是找出一个新皇帝。根据中国人的观点，新皇帝不能从同治皇帝的前一辈人中产生，尽管同治皇帝的好几个皇叔还活在世上。为了帝国的平安，死去皇帝的灵魂必须要有人定期敬拜，献上祭祀品，而能履行这一职责的人只能是死去皇帝的同辈人。

皇室主要成员连夜上朝聚会，最后决定，拥护一个3岁半的小男孩成为新的皇帝。这个男孩的父亲是醇亲王，即道光皇帝的第七个儿子，咸丰皇帝的弟弟。

于是，小男孩被连夜送进皇宫，睡眼惺忪，又累又困。他的叔叔们向他磕头跪拜，这个名叫载湉的小男孩变成了光绪皇帝（光绪意为闪亮的后续者）。这一事件导致的第一个后果就是其父亲退出官场，因为按照中国的传统，父亲向儿子磕头跪拜太有悖情理。但是即使这件事情也必须要用一种欧洲人看来非常迂回的方式解决。

光绪皇帝的父亲醇亲王于是向两位皇太后递交了辞呈。这两位太后过去协助过同治皇帝治理朝政，所以现在理所当然地负责替光绪皇帝执政。

醇亲王在辞呈中谈到，自己瞻仰已故皇帝遗容时已是痛苦万分，听到自己的儿子被选为皇位继承人则令他更加震惊。他脑子一片混乱，再加之自己多种疾病缠身，真心恳求太后去掉他亲王的双重俸禄，让他在自己家中清贫地度过余生。

这一辞呈对英国人来说很难理解，但对受过教育的中国人来讲却相当得体，于是被大幅刊登在皇室的报纸上。

有关光绪小皇帝的教育和训练的情况经常出现在《京报》上，也和宫廷的其他传言一样无径自走。根据这些传言，光绪皇帝身体脆弱，消瘦而苍白。这点并不奇怪。据说，他常常在半夜被叫醒参与国家大事，熟悉官场礼仪，训练管理国家大事的本领。

可怜的小家伙！毫无疑问他常常会希望自己不要当什么皇帝，只要象其他孩子一样能睡个好觉。

有一件事也许会使一些英国男孩认为，光绪皇帝是非常有福气的。不久前，《京报》上刊登了一则有关任命一名挨鞭童的消息。这个挨鞭童是个孩子。他的责任就是在光绪皇帝犯错误、应该受罚挨鞭时替光绪皇帝挡鞭，接受所有惩罚。他与光绪皇帝的关系颇似《威佛利》作者描述的蒙哥·玛拉格罗德爵士与苏格兰玛丽女王之子的关系。《京报》有时还会刊登一些小皇帝收到的各种奇妙的礼物。不久以前，报上登出了一则消息："巴彦那莫库敬献给我们的马骑上去十分安稳，可以称之为'飞翔的珍珠'。"每年都有两箱果酱从蒙古的一个偏僻之地送到这个小皇帝的宫殿。我猜想，他一定很喜欢这些果酱，因为几年前那儿的人曾经连连道歉请罪，说是由于天寒地冻，水果无收，无法为皇帝敬献果酱。

可怜的中国小皇帝！整天被关在深宫大院之中，随时随地都须遵从宫廷的繁文缛节，保持最得体的姿态，最端庄的仪表。大多数的英国男孩和女孩，无论家庭境况多么卑微低下，都毫无疑问要比中国的小皇帝幸福得多。

第八章 中国的节日

啪！啪！啪！嘣！砰！突然之间，四周响起这种奇怪的爆破声，就好像一连串大炮齐放。正是这样的爆炸声把我这个踏上“天朝”刚刚两天的人从半夜之中惊醒起来。出什么事了？难道这个远近闻名的汉口商市顷刻间一股脑儿地变成了抗击来犯之敌的堡垒？

我马上发现，其实并没有什么了不起的事情发生。那一串震耳欲聋的爆炸声实际上是一连串的驱邪逐鬼的鞭炮声。中国人害怕那些恶鬼会乘中国新年之际而一大早在周围徘徊。

这是中国一年中最大的节日——春节的清晨。几天来人们一直在精心地准备各种庆祝活动。这也是全国各地每家每户进行大扫除的时机。人们买来新桃符和新对联，贴在每家的门窗上，既美观又祛灾避邪。新衣服也已经买好，或从典当铺中赎回。每个人脸上都挂着笑容，脾气也变得格外的好，因为盛大的节日和新的一年即将来临。

中国每周没有休息日，商店每天都开门，街上每天都挤满了急切的买主和卖主。每当礼拜天，教士们穿过繁忙的街道和拥挤的人群走向礼拜堂时，他们的心里都会升起一股悲哀。那些在木头或石头神像面前磕头的善男信女数量之多，让教士们一时都怀疑自己是否真能培养出“小群的羔羊”。当然，实际情况还是令人乐观的。像在汉口这样的中国城市中心，我们的教士们已经开始在人群中发现了上帝的羔羊之种。那些人，有男有女，甚至还有孩童，聆听了基督仁爱的福音，决心沿着他的道路前行。

中国的月份是从每个新月开始，所以中国的新年不像我们的新年，总是在每年的一月一日，而常常落在第一月的月尾，甚至在二月的第二或第三个星期。

在新年的除夕夜，中国人很少有人早早去睡觉。他们认为连续数年迎来新年第一缕晨光的人会长寿。就连中国家庭的孩子们也通常熬夜坐着，等待着新年的到来，按照他们的说法，也叫“过年”。在有些地方，人们在祖宗牌位台前方的空地中点几堆松树枝。男孩女孩非常高兴地放鞭炮或往火焰上撒盐。人们认为，盐在火中的爆裂声是吉祥的预兆。

中国的孩子中无人知晓圣诞老人，但在新年除夕深夜，一家之主通常会给孩子们和佣人们发一串用红线串起的铜钱。人们认为，新年伊始，口袋空空是不吉利的。

旧年的最后一天是中国商人最忙的一天。在这一天中，人们应该把这一年所欠的债务全部还清。如果不可能在这天把全部债务还清，至少也应该在新年到来之前还去相当大的一部分。春节那天来临时，人们应置于安宁祥和的气氛之中。即使这时候有人仍背着债务，债主也只能在几个月后才能来收取。

由于商铺要关门好几天，每家都应该提前储存一些备用之物。习惯上，大多数商店要关门半个月之久。但是习俗常常被悲惨地打破，一些商家一年比一年更早开门，生活的必需品在大年初四或初五就可买到。不过，越晚开门的商铺在邻居们的眼中越体面。

旧年的子夜时分刚过、新年伊始的第一时间，中国人要做的第一件事就是去祭拜祖宗牌位和给家中的神龛磕头。然后，全家人一起走出大门，家中的仆人和妇女举着灯笼或火把照路。大家一起跪下，向着黄历指定的天空方向磕头。这一举动通常被认为是崇拜天地，但黄历上称其为接福纳祥，因为风水先生已经勘定，福神将从天空的那块地方降落。

在中国人看来，这是一年中最重要的关头。他胆战心惊，生怕见到的新年的“第一步脚印”是一个会带来霉运的人所踩，如光头和尚。他所听见的第一个词也有着极其重要的象征意义。如果他不幸听到的第一个词是火灾、翻船、丢官、破产、恶鬼、毒蛇、生病、离异或死亡，那他会认为这预示着将要发生很多可怕的事情。不仅听到这样的词会带来霉运，就是听到和这些词意思毫不相干但发音相似的词也会倒霉的。当然，如果灌进他耳朵里的第一个词是有关发财、吉祥、幸福的话，他将会满心欢喜，觉得自己这一年一定会好运连连。

在这盛大节日的清晨，漫步在中国的街道上，我们会发现，路面上到处是鞭炮爆炸后的深红色碎纸片。据说这些鞭炮在驱邪逐魔方面非常有效。人们最初制造爆竹，是因为它爆炸时产生的劈劈啪啪的声音与火中的竹子破裂声相似，而火中烤竹也是为了用于驱鬼。

在这种节庆日子里，乞丐们常会簇拥在街头，捞取一年中最大的收获，因为在这新年之际，人们都不会拒绝给这些乞丐几个小钱，谁也不想新年伊始就听到恶言毒语，哪怕它们来自乞丐之嘴。许多富人在这一节日慷慨解囊，米票被广泛分发，钱财通常则是不留姓名地施舍给穷苦人家。

大多数人家的正门上通常都在大年初一时换上新买的门神像。门神像中画着两个古代将军，色彩非常鲜艳。据说，当时执政的皇帝做了一个梦，说是有些恶鬼要入侵他的皇宫。为了阻止恶鬼的进入，他命令两个最勇敢的武将看守宫殿的大门。恶鬼来了，但都害怕那两个将军凶神恶煞的样子，不敢进入皇宫。那两个将军死后，人们就把他们的画像贴在门上，也能取得同样的效果。这些门神像要在门上保留一年。经过风吹雨打，到了每年的最后一个月时，门上只会留下一些破损的残片。

街头乞丐

在门的上方，通常吊着一把柏树枝条以及一些纸铜钱和纸金银元宝。门道旁装饰着用大红纸精心裁剪出来的花穗边，中间贴着一个福字。房子的内部还贴有对联，上面写着一些表示祝福的语句。

在春节的早上，中国人遇见一个朋友，总是把他宽袖里的双手合在一起，放在胸前，一边上下摆动，一边弯腰鞠躬，嘴里重复着“恭喜，恭喜”，相当于英国人说“祝你新年快乐”。

拜年的方式

春节那天，大多数人都不去进行节日拜访，而是把它放在一两天之后。很多人因为除夕守夜和参加其他活动而累得筋疲力尽，在春节这天都静悄悄地休息一天。但偶尔你能听到中国人的“音乐”声起：锣或钹的敲击声或中国笛子的高调急促声。所有从家里出来的人都身穿最好的衣服。孩子们穿上五颜六色、鲜艳夺目的衣服，婴儿的鞋子、帽子和领子上都镶着五彩的刺绣。由于天气寒冷，所有人都穿着厚厚的棉衣。孩子们看起来就像一个个胖球，而年纪稍大的看起来就如同一个个枕头。我们有时不禁纳闷，这整整一年，这些漂亮的衣服都收到哪里去了。在这个时节，外国人也常常对某一位前来贺喜的绅士感到诧异。这位先生外表看来显然是个上等人，可又有些眼熟。很快，谜团就解开了，原来他就是某某人去年雇佣的厨子或工匠。

吃席、拜客、赌钱、看戏是过节期间流行的娱乐项目。几乎每天晚上都要燃放大量的烟花爆竹。到了大年初四那天，人们开始准备迎接灶神爷返归。据说，自从上一年腊月二十四起，灶王菩萨就出发去凡人看不见的某个地方过节去了。他走时会带上主人家一年来的行为报告。他出发的那天晚上，家里要烧一匹纸马和其他一些他上路要用的物品。

在整个新年庆祝期间，对神灵或者异教的偶像崇拜与当地的习俗紧紧结合在一起，这对中国的基督徒是一个非常严峻的考验。如果拒绝参加这些偶像崇拜，他们将会被那些异教徒朋友无情地迫害。我认识一个男孩。他觉得去崇拜那些假神或去给祖宗的牌位磕头是错误的，所以恳求他的爸爸不要让他参加这些活动。这位父亲听说自己的儿子竟然去邻近城市的喜信堂（Glad Tidings Hall）聆听了真神的教导，怒不可遏。他剥去儿子的外衣，一顿毒打，然后把儿子赶出了家门。

在这段时间中，人们还常常将某些神偶请出来，抬在轿子中沿街行走。据说，一旦这些神偶光顾过，街道两旁的家庭在来年可以免病免灾。

随着正月十五的来临，中国人开始欢庆元宵节。家家户户都在房顶上挑起根根竿子，挂上盏盏灯笼，把城市照得灯火通明，犹如仙境一般。即使家境较穷的人家也会在自家的小屋顶上挂起一盏灯笼。灯笼点着的时间不会太长，过不了多久，灯笼一盏一盏地熄灭，但各家的狂欢和不时响起的鞭炮声一直持续到深夜。元宵节的晚上，妇女走出家门来到街上的人数要比往常多，因为习俗允许她们在这一天到室外观看漂亮的灯笼和街景。

由于春节是最重要的节日，我首先向大家介绍了春节。但还有一个节日，按时间顺序来说，应在春节之前。这个节日在上一年的腊月之中，在中国人的年历上很奇怪地称之为"迎春"节[①]。在这一天中，人们举行游行。其中最有特点的是抬着的纸糊的水牛像。水牛是中国常用的家畜。水牛像与真正的水牛大小差不多。人们把鞭炮夹在竹片中，外面裹上不同色彩的纸张。据说，这些纸张是由一个瞎子凭感觉，或者视力正常人按照算命先生的指示，糊在鞭炮上的。纸张的色彩可以用来预报下一年的天气，并且为各种不同事项提供稀奇古怪的信息。如果纸张大多是白色，大雨和洪水就会淹

① 这里描述的是立春时节在迎春仪式上"打春牛"，又叫"鞭春"的旧俗。立春可能在春节前，也可能在春节后。如 2014 年 1 月 31 日开始进入农历马年，而直到 2015 年的 2 月 19 日才会迎来下一个农历新年，所以农历甲午马年就包含了两个立春日，即马年的正月初五立春（2014 年 2 月 4 日）和同年腊月十六（2015 年 2 月 4 日）再次立春。

没大地；如果纸张以红色为主，就会出现火灾，夏天就会十分炎热；如果纸张是黄色，那就预示着大丰收，来年一定会风调雨顺。

“迎春”仪式在东城门外举行，因为人们认为，春天是从东边来到的。在水牛像和大地五谷之神前面要修一座祭坛。首先是知府或县令带领着一批身穿华丽服装的衙门官员，在水牛像和神塑面前鞠躬磕头。当天晚上，这只纸糊的水牛要被打成碎片。人们争先恐后地争抢。一个能抢到水牛像碎片的人就会充满幻想，憧憬着来年他家的水牛也会体高力壮。

下一个节日在春暖花开的春季。那时候田里飘着蚕豆的花香，柳树和优雅的竹子冒出了新鲜的嫩芽。学堂的孩子这个时候有几天的假期，以便参加这个节日。这个节日如同其他的中国节日一样，也带有宗教色彩。这就是清明节，是个祭坟扫墓的节日。在这个节日中，每个中国人都去拜访自己祖先的坟墓，给他们焚纸烧香，供上祭品。这一风俗十分普便。如果这一仪式连续三年没有进行，或者在此期间坟头上没有看见被石板或土块压着的纸钱，那么，不论什么理由，这块坟地都会被原地主收回，卖给其他家庭。中国人的坟地总是选在城外。一块土地上无数的坟头连成一片，真是壮观。多数坟头仅以树或石头做标志，没有墓碑，只有少量的坟头竖有一块小小的墓碑，上面写着死者的姓名和去世的日期。富有人家的墓常选在山坡边风水先生选定的地方，但我这里谈的主要是一般百姓的坟墓。绿草茵茵的坟地向纵深延去，密密麻麻的坟墓一望无际，会让人产生一种错觉，好像中国死人住的地方要比活人住的地方还要拥挤。

在中国的黄历中，这个节日的时间是固定的，通常被称为扫墓日，但人们实际的扫墓日期会根据家里的实际情况提前几天或延后几天。在扫墓仪式开始前，家庭成员会把坟前的小块地方收拾整齐，去除坟边的杂草，拔去坟头上的蒿草。不论男女老幼，全家都得参加扫墓仪式。他们用盆子带来各种食物，例如鸡鸭鱼肉以及各式糕点。这些食物连同几杯酒依次摆放在墓前，点上蜡烛和香，然后家里的男人和男孩按照年龄站起身来，走上前去，极其虔诚地弯腰行礼，并跪在地上磕头。在这之后，他们拿出一大堆纸钱焚烧，以供亡灵零花。紧接着就是燃放爆竹。除此之外，还要对专管那方地盘的土地神供上祭品，在离坟稍远的地方还要供奉食物给那些要饭鬼。人们相信，在阴间，到处游走的要饭鬼如同阳世间城里的乞丐一样数量惊人。在给故去的人奉上丰盛的供品时，出于好心，也要给那里的要饭鬼施舍一些，否则他们也会像在阳间一样乞讨，扰乱自己的祖先静静享用。就这样，不论是自己祖先还是要饭鬼都得到了供品，皆大欢喜。

在一个春日的傍晚，站在这样一座坟墓旁，我目睹了一户人家清明节扫墓的全过程。这家人有一个非常年幼的男孩。大人在进行各项活动时，他在一旁仔细地观察大人怎么做。后来，大人们把他叫在前面，教他也双手合十，跪拜祖宗。仪式结束后，我走上前去与他们交谈。“你们为什么让这么小的孩子也参加这种仪式呢？”我一边问，一边看着这个小家伙。他似乎十分喜欢刚才焚纸钱放鞭炮这些活动。他的父亲是个非常严肃而有礼貌的中国人。他回答说："我们在他们这么小就带他们来，目的是为了让他们懂得自己的责任。这样当他们长大后，他们永远不会忽视扫墓祭祖的意义，而我们离开这个世界时，他们会负责给我们提供在灵界所需的一切。"

扫墓回来的时候，人们会带回一些小树枝，冷杉条或一大把野杜鹃花。这些枝条常常放在家里祖宗牌位前的一个花瓶之中。对一些住在城里的穷苦人家来说，清明节可能是他们一年之中唯一能出城去乡间度过的一天。

在这一节日期间，每户人家的大门上方通常要挂一束柳树枝。人们认为，这柳树枝可以为家中的亡灵引路，前来享用专为他们烹制、摆放在家中祖宗牌位前以及他们的坟墓前的各种供品。人们还认为，清明节期间，不仅自己家的祖先亡灵被释放出来回到人间，一大批恶鬼也同样被释放出来。挂柳枝一方面是为了引导家人，同时也是为了恐吓那些不受欢迎之鬼。

除了春节之外，在孩子们的眼中，第二个重大的节日就是龙舟节。这个节日也常被称为"儿童节"。这一节日最大的看点是龙舟比赛。在较大的城市，一般都有 20 条或 20 多条龙舟。这些龙舟又长又窄，每条船上能载 10 至 30 人。船身和船尾漆上了鲜艳的油漆。船头是一个龙头形状。龙头张开大嘴，仰头朝上。船的中央有一面大鼓。赛船时还夹杂着阵阵锣声。一个男孩坐在龙头上，手舞一面小旗，指挥着划桨人的动作和划船的方向。

在江的两旁簇拥着观看龙舟比赛的拥挤人群。比赛胜利者能得到奖赏。但为了赢得比赛，领到奖赏，参赛双方常常互不相让，最后以吵闹和厮打收场。由于船与船之间经常碰撞，也会发生一些事故。

这一盛大的中国节日起源于公元前500年。那时候生活着一个十分睿智而审慎的大臣，名字叫屈原。他侍奉的国王性情暴烈，品行不佳。屈原反复建议，要求国王对国家政务进行改革，他不但不采纳，反而贬黜屈原，最后甚至罢了他的官，不再任用。由于难以忍受屈辱，屈原投江自尽。一些渔民目睹了这一幕，划着船沿江到处寻找他的尸体，但最终还是没有找到。从那以后，每当这位忠臣的忌日来临时，人们纷纷出船，向江里抛撒为屈原的亡灵准备的各种祭品，并重演划船寻尸的仪式。

据说，有一次，屈原真的现身了，使节日里祭奠他的人大吃一惊。屈原向他们抱怨说，人们为他准备的供品总是被水里住的一只大乌龟吃掉。从那以后，人们在节日那天开始划龙舟，以吓走屈原所提到的那只乌龟。

在农历的八月要庆祝中秋节。这个节日有时也称为“赏月节”。

中国的孩子从不谈论“月中人”①，但他们却说月亮中有一只兔子在那里舂米或捣药。

---

① The man in the moon，指月亮表面上的人形黑影（或类似人的面孔的形象）；假想的人。

在这个节日中，人人都吃各式各样的月饼。大多数月饼都是圆形的，像月亮，但上面有不少有趣的图案，有的像鱼，有的像动物，比如那只神话般的兔子。有些月饼上面用红点来装饰，也有的上面点缀着金箔。

对月亮的崇拜源于遥远的远古时代，是各个民族都有的一项传统。先知耶利米专门提到过他那个时代所崇拜的天后，以及为她所焚的香和供上的香饼。

中国人说，中秋节也有其历史根源。他们所说的故事是这样的：在古时候，有一个叫明皇的皇帝[①]。有一天晚上，他与他的道术法师一起在宫廷的院子里散步。突然，明皇提出了这样的问题："月亮上有人住吗?"法师回答道，不知皇上是否想亲自上天看一看。明皇做了肯定的回答。于是，这个法师将手中的拐杖抛向天空，变成了一座银桥。皇帝与他的法师一起沿着登天之桥，来到了银光灿烂的月宫。他们发现，月亮上竟然有如此雄伟的宫殿，迷人的花园，貌美如仙的女子在里面翩翩起舞。皇帝完全陶醉在如此美妙的仙境中，流连忘返。但他的法师却反复催促他赶快离开。在返回的路上，法师拿出他随身携带的钟爱的玉笛，请皇帝吹奏一首月宫中听到的仙曲。这时，他们正好来到了南京城的上空。城里的老百姓听到天上传来袅袅仙音，纷纷爬到房顶上来观看。在法师的引导下，皇帝掏出了他们随身所带的钱币，向下撒去。

皇帝回到了皇宫，以为自己经历的奇妙的月宫之行只是

① 指唐明皇，即唐玄宗。

一场梦幻而已。这时，他们刚才路过的省份的官员呈上奏文，声称在八月十五的夜晚，他所管辖地区的人们听见了天上的仙乐，也收到了天上撒下来的金钱。

这时，皇帝确信他的月宫之行不是梦幻，而是事实。于是，他下了一道圣旨，把八月十五这一天定为普天同庆、共同敬月赏月的节日。

第九章 中国的偶像崇拜与迷信

你也许会问："中国的孩子是如何学会拜佛的?"

那么，跟我一起到他们的一座阴沉沉的大庙去看一看吧。

我们不用选在礼拜天前往，因为中国人一周没有固定的休息日。我们可以选每月的初一或十五，因为中国人通常是在这两天去庙里烧香拜佛的。

我们必须沿着一长段宽宽的石阶拾级而上，才能到达庙的大门口。走进大门，我们会看见两具面目狰狞但漆得铮亮的塑像。中国人管它们叫"守庙门将"。

庙宇之中光线暗淡，既单调又阴沉。走进大庙，我们就能看见一座大菩萨的神龛。这座庙也就是为敬拜它而修建的。在它周围还有一些其他塑像。它们都是些小神，专门侍奉这个主神菩萨。神像前面燃烧着一圈一圈的香烛。

在有些庙宇中，你可能会看见几排和尚坐在那里，嘴里反复唱诵着他们自己也不懂的经文，因为这些经文是由另一种语言组成。你可以看到一些母亲带着她们的孩子走上前来，教他们如何双手合十，如何弯腰，把头磕在地上，崇拜那个毫无知觉的偶像。如果这是孩子第一次敬拜，他们会感到害怕，也许会说："我不会做。我不想做。"然后，他们仔细观察母亲给他们再次做的示范。在那以后，他们有时会得到一些小礼物作为奖励，但被告知是菩萨给的。但是如果他们还是害怕，不愿拜佛的话，大人就会给他们讲故事，告诉他们，如果不求那个偶像保护，他们会遇到非常可怕的事情。

几乎所有中国庙宇中敬拜的神，都是几百年前、甚至几千年前生活在印度或中国的真实人物。人们在他们死后将其神化，并顶礼膜拜。英国也有类似的情况。艾尔弗雷德国王、莎士比亚、纳尔逊爵士或威灵顿公爵像前每天都有人鞠躬，大概也是出于他们已被神化的原因。

有时，在去庙中拜神后不久，孩子生病了，或出现了什么意外，家长们马上就会认为，这是孩子得罪了这个神而造成的。于是他们尽各种努力，做一切他们能做的事情来使这个神消气。

有一个周日的晚上，我们在武昌城做完服务返回家的时候，看见一座庙里灯火辉煌。这是一座土地庙。通常人们不会在晚间来这里拜神。我们站在一旁，静观里面发生的情况。两个男人在那里虔诚地焚烧纸钱，脸色凄惨。他们敬拜完毕，准备离开时，我们走上前去，询问他们为何这么晚来到庙里。两人之中年长的那位转向我们，忧虑重重地回答说："就在三天以前，我的独生子来这里拜神。在回家的路上，他重重地摔了一跤，伤得很重。现在他病得不轻，我恐怕他再好不过来了。我想，他一定有什么事情得罪了菩萨，所以今天特地带来了很多纸钱，好好孝敬一下，希望他能消消气，让我的儿子康复。"

我们走上前去告诉他，有一位慈父般的天上之主，他关爱天底下所有的孩子。只有他才是使重病的孩子转危为安的救主。可怜的偶像崇拜者！我们告诉他的福音使他感到了些许安慰，我们对此是多么感谢上帝！

让我们再去我居住的这座城市中的另一两座寺庙看看。在我们教会不远处，有一座与一家大型印刷铺相连的寺庙。这座庙中有一座巨大的镀金菩萨。人们说，他能带领众生去往西天。在这座巨大的佛像前面，常常有人们供奉的鲜花和米饭。紧挨着寺庙的寺院中住着一大群和尚。他们身穿宽大的黄色袍子，头上被刮得毫发不剩。他们不吃肉类，只吃蔬菜和米饭。每到午饭时，一阵锣声响起，庙里的住持坐在膳堂中央的垫子上，和尚们成排地坐在他的两旁，大约有 60 来人。开始用餐前，他们必须唱诵饭前曲，但并不明白自己在唱些什么词。唱诵完毕，他们必须把一些食物放在门外的石板上作为供奉，然后才可以正式用餐。吃饭时不能发出一点声响。用餐完毕，他们将筷子整齐地放在身边蓝色的钵盂旁边。锣声再一次响起，和尚们静悄悄地鱼贯而出。

信佛的人认为，保护动物的生命是一桩伟大的美德。人们来到寺庙敬拜时，常常发誓永不杀生。所以人们常常可以在佛家寺庙中见到成群的鸡鸭鹅或者猪羊，以及满满一池的活鱼。这些鱼是他们从鱼贩子卖鱼的鱼缸中救出来的。有一次我在一座寺庙中看见了一头老态龙钟的猪。和尚告诉我，那头猪已有 100 岁了。当然，这是不可能的。但那头猪的确是够老的了，样子看上去也极其可悲可怜，所以当我第二次去这家寺庙时，听说这头猪已经死了，我一点儿也没有觉得遗憾。一些人发誓要放生大批的麻雀。鸟贩子商店门口挂着的笼子里大批地养着这些小鸟。人们一次买下二三十只用于放生。

和尚

就在武昌城东门外，有一座著名的阎王庙。人们来这里敬拜的主神据说是阴间的最高统治者。你到这里马上就会注意到一尊塑像。它比真人身材还要高大，蓄着黑色的胡须，身穿白色大袍，头戴一顶高高的圆锥形帽子，肩头挎一顶罗伞。他的手里紧紧拽着一根铁链，铁链的一端紧紧锁住了一个貌似奄奄一息之人的躯体。他正拽着那人去地狱进行审判。这就是传说中的无常鬼。如果你随便问一个中国人，他死后会怎么样，得到的回答通常都是："哦，我觉得无常鬼会来找我的。"

紧挨着这座阴森的阎王庙院墙外面有一小块墓地，专供我们教会埋葬当地的一些华人基督徒。有时候我们聚集在墓穴周围，进行简短的基督教掩埋仪式，然后将逝去的基督徒的遗体埋葬。这时候，一大群从那阎王庙出来的人也会围拢过来。那些鼓舞人心、激发信仰的福音话语对他们来说是多么奇怪呀！他们从不知晓在坟墓的另一端还存在着光辉灿烂的希望，以及专为上帝的子民准备的安息之地。

在阎王庙的两旁各有一组十分恐怖的人物塑像。他们的形状使人毛骨悚然，我就不在这里一一详述。我之所以稍加描述，主要是想让你们知道，异教信仰是多么悲哀无望，为什么我们要努力把人们争取过来，信仰基督。这些塑像表现的人物有的正在地狱受审，有的脸上表现出忍受惩罚的巨大痛苦。其中有一人正站在地狱判官的面前。他被放在一个高台上面，一面镜子吊在他前面，供他观看自己转世投胎后的样子。这个人被吓得惊恐地往后退缩，因为他在镜子中看到的竟是一头牛。

但是在转世投胎之前，他们相信每个人还得经过许许多多的恐怖折磨。这些恐怖折磨场景表现在一组接一组的塑像中，比如，被恶鬼团团围住严刑拷打，或者被扔进刀山、锯成几大块、绑在火红的烙柱上、投进油锅煎熬、放入臼中捶打等等。在投胎之前他必须喝一碗忘情汤。这种汤由阎王庙大门旁的两个老太婆掌管。据说，喝了忘情汤，人们就会遗忘前世的所有生活。

在那个拿着铁链的高大无常鬼塑像的脚边，总有一大堆鞋子作为供品堆在那里。供奉这些鞋子的人们相信，无常鬼听了他们的乞求会显灵，饶恕了自己或其亲友的罪过。这堆鞋子中有婴儿的小花鞋，也有成年男子的大鞋。我们来到这些地方，看到人们如此相信这些无用的偶像时，伤感遗憾之情真是难以言表！我曾看见那些男人跪在这些佛像前非常虔诚地祈愿。我记得，有一个是求自己的生命是否可以延长几年，另一个患有气喘病的病人所乞求的是，在无常鬼来勾他魂时，千万记住他有严重的哮喘，只能慢慢走。

另一处著名的庙宇是黄鹤楼，是一座不高的宝塔。有关这座塔的来历，也有一个故事。

在很久以前，武昌城里有一辛氏男子。他开了家酒店，以卖酒为生。在光顾酒店的常客中有一位男子，名叫吕祖①。辛氏对这位吕姓客人总是很友善，待他如友，从不为他欠酒

① 吕洞宾。

钱而计较。但辛氏从来没有想到，他慷慨招待的这位客人竟是位仙人。有一天，吕祖为了答谢辛氏的善待，将辛氏院子里的井水全变为了酒。与此同时，他找来一只橘子，将它掰为四瓣，口里念叨着咒语。一瞬间，这个橘子就变成了一只仙鹤，停在辛氏院子中的一根高高的杆子上。神奇的仙鹤与妙不可言的美酒使得辛氏的名声立即传遍了全城，人们纷纷从各处涌向他的酒店。不久，辛氏就成了一个大富翁。为了感谢和纪念他的恩人，辛氏决定修建一座漂亮的庙宇，即这座三层楼的宝塔。黄鹤楼如今依然屹立。站在它的最高层，人们能饱览周围风景。壮丽宽广的扬子江从它旁边流过。在远处的岸边是陡峭的汉阳山。山尖上耸立着白墙的庙宇，山脚下是大片大片人口密集的汉口集市。从黄鹤楼顶的另一边，我们可以俯瞰到这座宏伟的省城，一连串低低的青山将这个城市切成三块，而城市中的居住场所都拥挤在山间的谷地之中。在这些拥挤的建筑中，偶尔有一些蜿蜒曲折的屋檐从庙宇或行会或某些官宅的庭院中若隐若现地显露出来，给沉闷的山谷增添了一些亮丽的风景。

黄鹤楼

武昌城

这座黄鹤楼，及其后面一座接一座的庙宇，构成了这个城市的主要娱乐场地。黄鹤楼的底层总是挤满了各路算命先生和一张张用于赌博的桌子。

一名道士把守在通往黄鹤楼顶层的台阶底部，每一个想上楼顶的游客都需给他一些小钱。楼顶上摆着一张张小圆桌，围坐着一群群的中国男人，一边品着茶，一边尝着点心和瓜子。当年传说中的井水美酒已不复存在。在顶层的中央，有一尊道士仙人吕祖的塑像。他吹着笛子，骑在展翅飞翔的仙鹤背上，飞向天空。最奇怪的场景是在黄鹤楼后面的一座庙中。那里有一尊罩在玻璃中的神像，竟然一副闭目熟睡的样子！据说当年吕祖飞过此地时，曾在那里歇过脚，睡过觉。这难道不让你想起《圣经》中的那句话吗？讲述万能的主不知疲倦地关爱他的子民时，《圣经》中这样说道："看哪，以色列的保护者，他既不打盹，也不睡觉。"

在中国的这个主要大城市中还有很多庙宇，我可以告诉你们，至少不下上百座。

我已经挑了其中的一两个做了一些描述，但我还想再说一个。这座庙宇不在武昌，而是坐落在美丽的鄱阳湖上的大孤山上①。

让我向你们讲述一下我去那儿的经过。我们乘着小舟在那个大湖上游了几天。回程途中，我们把乘坐的小筏子停靠在岛边一长串台阶的底部，然后沿着陡峭的山坡一直

① 鄱阳湖上的大孤山，也称鞋山。

向上攀登，最后来到这座庙宇。整个岛就像个大花园，灰色的古老石块上覆盖着可爱的攀岩植物。空气中弥漫着中国的茉莉花的芬芳。大庙之中有成堆的佛像，佛的名号繁多，但最让我感兴趣的是一尊观音菩萨像。她端坐在一张雕刻精致的宝座上，头顶上是一顶金布做成的华盖。最吸引我的是室内两边各自挂着的两块大佛幡。佛幡从上至下挂着各种绣成树叶状的精美织品和小彩带。这些都是附近的妇女和女孩手工做出来的供品。有些织品来自贫困交加的家庭。在那些家里，每一文小钱都必须精打细算地用来购买每日必需品。然而每个人都用上了最好的面料和材料。人人都宁愿自己忍饥挨饿也要慷慨大方地献上自己的供品，而她们如此虔诚敬拜的神，却是既无力来帮助也无法来拯救她们的一尊无用偶像。看着这些精美的绣品，想到绣出这一幅幅细微景观的灵巧手指，以及描摹出这一朵朵花儿图案的小女孩的稚嫩双手时，我多么希望，基督的福音和他巨大的拯救力量有朝一日将照亮所有的中国家庭！我们应该问问自己，是否一如既往、毫无保留地向为我们捐躯的救世主献上了我们所能献出的最好东西？是不是那些异教徒比我们还要认真虔诚呢？

如果我再接着讲中国人所崇拜的所有男女诸神，那你们肯定会厌倦的。它们数量太多了。这里我只提及几个主要的神。

鄱阳湖上的大孤山（鞋山）

关于这些被神化的人物，一个奇怪的现象是，尽管中国人把他们当作神一样顶礼膜拜，但并不意味着我们也应该对他们产生神圣之感或尊敬之情，尤其当他们的故事真如那些崇拜者所讲述的那样。

比如，其中的一位是盗神。据说他自己生前就是一个江洋大盗。还有专门帮赌徒的赌神。甚至还有专门帮助丢猪人把猪找回来的猪神。

甚至动物也成为崇拜的对象。

比如，猴子据说有镇妖的本领。老虎能保护孩子远离危险，所以也要对它们上供。中国不少地区的总督和高官崇拜狐狸。狐狸据说具有看管官印的本领，所以管辖一方的官员都必须崇拜狐狸。龙王据说能呼风唤雨，不仅总督要崇拜他，就连皇帝自己也得崇拜他。

中国人有时会说："如果你不相信我们的其他诸多神灵，至少得相信雷神。难道你没有看见，谁要是得罪了雷神，谁就会遭雷劈!"在中国，人们普遍认为，被闪电（或如他们所说，被雷）劈死的人肯定是邪恶之人，是神灵不喜欢的人。

不久以前，有一个在菩萨像制作坊工作的伙计被雷劈死了。我记得，人们对此议论纷纷，但最终也想不出这个人在这辈子做过什么坏事，于是大家一致认为，他在上辈子一定是个坏人，所以才会有这种报应。

火神是人们永远崇拜的对象，尤其是在每个大城市经常发生火灾之后。我觉得，在大多数人看来，火神的作用应该是灭掉火灾，而不是造成火灾。

我曾听到过一个与火神相关的传说，讲的是一位皇帝在他最喜爱的宫殿被大火烧毁后修建火神庙的故事。皇帝声称，在熊熊大火中，他亲眼看到了一个留着花白长胡须的小老头。这听起来非常不合常理，因为人们心目中的火神形象通常是红色的，与火苗的样子相符。这个皇帝担心自己得罪了火神，急不可待地想修建一座火神庙。于是，他派出人去，走遍城市的每座庙宇，试图找到一个带白胡子的火神。这可不是件容易事。城里的各大庙宇均已找遍，也没有找到白胡子火神。最后，在城外一座年久失修的破庙中，人们发现了一尊神像，本应该是胡子的地方糊满了破烂的大麻。

这一情况马上奏报给了皇帝。皇帝带上大队人马浩浩荡荡亲临那座破庙，敬拜了那尊神像，并发誓要专门修一座庙让人们敬拜他，庙的精美程度绝不会亚于城里其他任何一座庙。

这样，新的火神庙就在原有破庙的废墟上建立起来。

战神受到许多士兵和非士兵的崇拜，因为他们认为战神能让自己变得勇敢强壮。据说在 1885 年，战神来到皇家军队，带领他们打败太平军，赢得了胜利。从那以后，战神的地位要比其他诸神的地位高出许多。

在中国，几乎各行各业都有自己的守护神，但财神却被所有大大小小的商家所崇拜。在中国的大多数商店里都可以看到一个小壁龛，里面放着财神像，前面点着香火。据说，财神能让他的崇拜者迅速地富裕起来。

也有一大批人，尤其是妇女和儿童，虔诚地崇拜观音菩萨、妈祖和一尊被称为“娘娘”的神像。妈祖是渔民和水手尤为尊崇的女菩萨。每当他们被汪洋大海，或者江湖河流的风暴所围困时，都会凄惨地祈求“至高无上的妈祖娘娘”发慈悲。他们相信，妈祖一定会来救他们的。

妈祖这位女神，如果我们能称她为女神的话，早在她还是个20岁女孩时就离别了人世。她生前曾向人们讲过一个神奇的故事。故事与她做过的一个离奇的梦有关。妈祖的父亲和兄弟都是出海捕鱼的渔民。有一次，他们出海时，在家急切盼望着他们归来的妈祖做了一个梦。在梦中，她也出海了，看见有三艘船非常危险，于是，她一手抓住一艘船，然后用牙齿咬住了第三艘船。就这样，她带着三艘船奋力游向岸边。眼看她就要到达安全的港口时，却听见了母亲在呼唤她。她感觉自己必须回应母亲，于是一张嘴，第三艘船从她嘴中掉下，被海水冲走了。她惊醒了，发现原来是她做了个梦。几天以后，她的兄弟从海上回来，告诉人们，他们的两艘船被一种无形的力量奇妙地营救，得以生还，而他们父亲的那艘船快到岸边时却不幸遇难。所有听过这故事的人都明白了，妈祖具有连她自己都并不知晓的神奇能力。于是自从她死后，人们将她奉为女神，虔诚敬拜。

被称为“娘娘”的女神主要被小男孩和小女孩崇拜。这些孩子从很小时大人就教他们一定要敬拜娘娘。据说，娘娘有很多的帮手，她能精心地照顾孩子，并保佑他们在婴儿时期平安无恙。

关于中国的神灵，我已经向你们讲述了许多。在中国，有成千上万的人信神，但也有一些聪明的人根本不相信。但是，每个人，如果他们想在有生之年兴旺发达的话，都觉得必须崇拜祖宗的亡灵。正如我前面所说过的，人们认为，每个人都有三个灵魂，其中之一在人体死亡时进入灵位。灵位的样子像一个小柜子，安有可折叠的小门，里面装着一块小木牌，上面写着死去人的名字。

时常会有些人嘲笑偶像崇拜，不相信大部分迷信的做法和习惯，但他们都会坚定地认为，必须而且要竭尽所能，把供品不间断地放在灵位前，以满足死去亲人的需求。有时，一位和尚或道士会来告诉一户人家，他们在阴间的亲戚朋友遇到大难了，他们必须给他提供大量的钱财，必须要连续几日给他做道场等宗教仪式。听到这番话，人们会感到万分焦急和悲伤。在这种情况下，和尚或者道士的每一项建议，他们都会认真去听，认真去做。

有一天，在离我们很近的一家院子里就举行了一场这样的仪式。我认识那家的一个小男孩。他的父亲在一年以前去世，但道士说，他父亲的灵魂仍然不得安息。这个可怜的男孩是家中的老大，成了这一仪式中的主要人物。他是个聪明灵光的小孩子，但当时他是那么害怕，很长时间以来，我一直忘不了他脸上那种惊恐的表情。他小小的身子披着白色的殡袍，按照道士的指示，几乎毫不间断地往地上一个劲磕头。周围是点燃的香烛和纸钱，锣声响起，鞭炮声震天。

祭祀亡灵的仪式

除了那些严格意义上的宗教仪式外，中国人还有一些奇怪的迷信传统。例如，在中国，你不能经常把墙刷白，因为白色是服丧时所用的颜色。在房子里安窗户是非常不慎重之举，因为这样很容易使恶鬼乘虚而入。

如果你家的正门是朝街或朝巷的话，你必须对着门修建一堵影壁或放置一座木制屏风，以避免恶鬼找到大门。中国的街道很少是笔直的，它们总是那么蜿蜒曲折，让人迷惑。人们认为，鬼神不喜欢这样弯弯曲曲的路，而如果在笔直宽广的大道上走，你肯定会遇到鬼的。

在中国，日食或月食出现的时候，尽管已提前通知，在黄历上也已标明，但人们仍然相信，这种现象是因为天上的天狗想吃掉太阳或月亮而造成的。普通百姓对大难即将来临似乎坚信不疑。他们用劲地敲锣击钹，发出震耳欲聋的声响，直到日食或月食消失，他们认为他们的努力收到了成效，天狗被吓走了。

"天狗"使中国人万分惊恐，还与另一个传说有关。这在我刚到中国不久的一个夏日晚上就得到了印证。我们教会住所旁的街道以往都是安安静静的，但那天晚上突然响起一阵巨大的嘈杂声，这引起了我的好奇。人们敲着铜锣，放着鞭炮，家中任何可用的铁器或锡器也都拿了出来，反复敲打，形成了一片混乱的喧闹声。我叫来我们的佣人，问其源由。得到的回答是，有人在附近听到了九头鸟的叫声，每个人都害怕这只不祥的大鸟会落在自己家的房顶上。据说，这只大鸟以前有十个头，被臭名昭著的天狗咬掉了一个头，至今伤口还未愈合。这只受伤的大鸟到处飞翔，如果它正好落在你家的房子上歇脚，它伤口滴出的血一定会造成火灾。正因为如此，当远处传来几声估计是一只孤独的猫头鹰发出的嘶哑叫声时，迷信的人们会以为九头鸟来了。他们非常担忧自己房子的安危，于是便操上了任何可以找到的家伙，竭尽全力地敲打，巨大的噪音足以驱赶掉方圆几里的所有鸟儿。

看来中国人从摇篮到坟墓，整整的几十年中，总是处于对那些无形的、常常是想象之敌的惊恐之中。他们不惜花上大量钱财从道士手中购买各种符咒，不断地寻找无数的驱魔赶鬼之宝，把他们认为会千方百计来作恶的妖魔鬼怪赶得远远的，永远不要找上门来。

第十章　中国儿童的教育问题

我已经向你们讲述过，中国人对那些想象中、据说能影响他生活的强大力量有着令人不可思议的迷信。你已经听过中国的儿童如何磕头和崇拜那些毫无表情的木雕泥塑。他们只听到了有关这些神像的可怕故事，但从来没有梦想过有一个能关爱儿童，以最仁慈方式照顾他们成长的上帝。

我们去中国，不仅仅为了向成年男女传播福音，而且也要让男孩女孩知晓：我们在天上有一位慈父，他如此地爱我们，甚至将他的独生子赐给我们，让一切信他的人不至灭亡，反得永生。

也许你们想知道我们是如何教育那些中国的男孩和女孩的。首先，我们必须获取他们的信任，让孩子以及他们的父母不那么惧怕我们。我们初到中国时，每当我们一出现，许多男孩和女孩就会跑开，躲起来，生怕我们上去抓他们，做一些可怕的事情。有些孩子会在后面追我们，口里喊着“洋鬼子”或其他一些难听名字，并捡起石头砸我们，想把我们赶走。洋鬼子即指“外国来的恶鬼”。

你也许会问：“为什么他们会如此讨厌我们来到他们的城市？为什么他们会如此惧怕我们？”这主要是因为我

们不是中国人，而是来自于另外一个国家。中国人不喜欢其他国家的人来这里做生意，搞贸易，或与他们有其他任何瓜葛。如果明天就能把我们赶出去，相信他们大多数人会拍手称快。

如果没有和中国人的那次大战，英国人和其他外国人根本就不可能进入他们的国家。那次战争英国打赢了，逼迫中国向外国人开放了几个口岸，并允许外国人居住在那里。从那以后，我们国家和其他国家从中国得到的任何好处都是在刀光剑影下得来的，或者说因为他们害怕我们，我们才得到了这一切。这样一来，他们不喜欢看见我们大摇大摆地走在他们城里的大街上，也是再自然不过了。

还有一个原因使他们不喜欢我们，而且这个原因更让人感到悲哀。你们都知道，印度是英国的属地，一家属于英国的公司在那里开垦了大片大片的土地，种植一种开着可爱花朵的植物，名叫罂粟。也许这是人类种植的所有花卉中最有害的花朵。从这种花的花囊中流出一种液体，干了之后就成为鸦片，即一种成千上万的中国人现在还在吸食的强力毒品。中国人吸鸦片时从不坐着，总是躺在床榻上。鸦片能为他们带来奇异的美梦，所以他们愿意一次再一次地尝试。不久他们变成了饭可不吃、衣可不穿、但鸦片不能不抽的瘾君子，最后倾家荡产，甚至卖掉自己的妻子孩子也要得到更多的鸦片。他们脸色憔悴，眼窝深陷，在大街上你一眼就能认出谁是抽鸦片的瘾君子。

使我感到很悲哀的是，这些毒害中国人的鸦片是英国人运去的，因为印度属于英国。现在中国土地上也种植了大量的鸦片，因为中国的农民发现，种植这种植物所带来的报酬要远远高于种其他作物。当英国中止向中国运送印度鸦片（我们希望英国不久就会这样做）时，中国的有识之士也会尽他们的最大努力禁止鸦片在中国生长，因为他们已经看到鸦片正在毁掉他们的国家。中国人常会问我们的传教士："你们是从哪里来的?"当传教士回答"从英国来的"时，我们会看见中国人的脸上冒出一阵冷笑："英国！哼，就是那个运送鸦片害死我们人民的国家！"所以，你们现在应该明白，中国人不欢迎我们，是事出有因，而且原因不止一个。由于不喜欢我们，官府从一开始就散布一些谎言，编造有关我们的不实的故事。他们说，我们生产的药品强力有效。这倒不假，因为大批去我们医院看过病的人都知道。但他们又附加道，我们做药的原材料用的是新入教的基督徒的眼睛，或采自中国婴儿的骨头。难怪那里的人们不让孩子靠近我们，他们害怕再也见不到自己的孩子。

我们尝试用各种方式去赢得他们的友谊。比如学习了他们的语言后，我们马上就用它对孩子们说一些祝福的话。我们也常送给他们一些从英国带来的小图片，他们总是对之爱不释手。用不了多久，我们就可以去他们家，见他们的母亲。然后他们的母亲也来看我们，对我们房子里的一切东西都感到好奇，觉得看上去是那么稀奇古怪。每个人都会问一大串相同的问题，而她们的问题可真多！例如：

“你们国家也有太阳和月亮吗?”

“你们那里也有山和树吗?”

“为什么你们的眼睛不像我们是黑色的?是不是因为褪色了?”

“你们的眼睛能不能看到地面以下的东西，能不能看到哪里藏着金子和银子?”

“为什么英国女人的脚这么大，像男人的脚一样，而不是像我们这样的三寸金莲呢?”

“为什么你们的头发梳成这个奇怪样子，不像我们那样挽起来呢?”

“为什么外国的女人头上要戴头巾呢?看起来就像男人一样!”

诸如此类的问题还有很多，我们都一一做了回答。然后，我们给她们唱翻译成中文的英语赞美诗，如“耶稣爱我”“有一块美丽的土地”等等。我们还给她们看有关基督生平的图画册，对她们讲了许许多多有关基督的故事。过了不久，她们开始想，以前她们听到的有关传言看来不是真的。

一位官员的太太曾对我说:“我常常想带我的女儿来看你，但是，我很怕你，所以一直不敢来。我以后不会怕了，因为我觉得你看起来和我们没有多大差别。”我们就是像这样一步一步地得到了人们的信任，使他们愿意来接触我们，到最后能让自己的孩子来上我们的学校。

扬子江上的船只

如果我们所在的是一个大城镇，用这种方式接近人们就很容易。然而，在中国，成千上万的中国人对基督和救赎闻所未闻，许许多多的城镇从未被传教士访问过。所以在春秋两季，我们常去一些没有传教士居住的城镇，向那里的人们宣传福音，向那些从未有机会聆听福音布道的人们出售基督教的书籍。这些旅程通常是靠乘坐当地的小船完成的。拱形的船顶是一层涂过沥青的席子，可以防雨，但船顶太低，我们无法站直身子。船工为了照顾我们，特地给我们开了两个很小的窗户，但窗户上插着一层薄薄的牡蛎壳而不是玻璃。我们如果取下一块可移动的船板，就可以开出一个孔。穿过这个孔，我们可以爬到一小块甲板上去。我们坐在船里时，这个孔可以当作窗门。通过它，我们可以看上几眼美丽的江上风景和船边划过的其他船只。

船内安有两张凳子，垫高了的箱子白天可以当桌子，晚上可以作床架子。我们的床上用品占不了多大空间，因为所有床上用品中只有中国人所用的“铺盖”，即絮了棉花的被子。我们像中国人那样把它紧紧裹在身上，就变成一张很舒服的床。

我们的中国佣人坐在船舱里守卫。他用船主的一只小炭炉为我们做饭。我们到达一个大乡镇时，布莱森先生离船上岸，去街上布道，去集市上出售基督教义小册子。有时，他与一位乘坐另一只小船的传教士一同前往；另一些时候，陪伴他的是一个当地的基督徒。这位中国人很乐意向自己的同胞讲述自己因为信奉基督而发生的种种变化。

我留在船里，可是没想到会有那么多的妇女和儿童来船上看我！男孩爬上了船甲板的一边，黑黑的小眼珠透过许多的木板缝隙好奇地看着我，就好像我是关在笼子里展出、供人观赏娱乐的一只奇异动物。不久，妇女们鼓起勇气，一个接一个地爬进船舱，或者在小甲板上蹲下，听我讲述我要告诉她们的故事。接着，小男孩和小女孩凑上前来，拿到了他们喜欢的英国图片或字卡。到后来，由于太多的人从城里出来围拥在我们的小船周围，船主着慌了。他怕太多人挤上船，会把船弄翻。于是，他把船划到离岸较远的地方。但是人们租了各种渡船向我们划来，簇拥在我们的船周围。他们不愿意放弃看洋人的机会，尤其是他们此前正好听说我们的船上还有一个英国小男孩。

洋人的光临

像这样蜂拥而至观看我们的事情就曾经发生在一个叫“保安”的小镇。保安坐落在一个美丽的湖岸。岸边的树木秋意正浓，一片金黄，异常艳丽。在同一次的出行途中，我们路过一个集镇，名叫青牛。那里的人们对我们则十分不友好。他们向我们扔大石头。石头纷纷落在我们十分不经打的船席篷上。当时我们的船进入了一条小溪，我们毫无办法，只能由他们任意发泄。但过了不久，人们平静了下来。有的人还愿意买我们的书，听我们的布道。在其他一些地方，人们争先恐后地想得到我们的书，他们一窝蜂地跳下水来，涉过小溪来买书。就这样，我们日复一日地访问这些乡村小镇，有的地方驱赶我们，有的地方则十分欢迎我们的到来，人们乐意来看我们，听我们演讲。每天我们都能听到类似的问题：

“耶稣现在还活着吗？”

“为什么耶稣他不生在中国？”

“如果你们讲的这些早就发生了，为什么在中国这么长时间都没听到过？”

除此之外，还有很多其他的问题。有时我们很难知道我们的访问会得到什么效果，但我们确信，为主而工作永远不会是白费的。我们知道，上帝能保佑我们所播撒的种子发芽、开花、结果，即使需要许多时日。

常常在我们的访问过去了很长时间后，仍然会听到很多有关那些通过我们的访问才第一次听说基督的村民的消息。他们认真地学习了购买的教义小册子，然后专门来到我们住的城镇，决心再多了解一下这么好的宗教。有一个男孩，来自我们的传教士被粗暴驱赶的小镇，在我们的访问中他第一次听到了福音。长大一些后，他来到了武昌，找到了我们的教堂，不久便成了一个真正的基督徒，但不得不为他的信仰忍受了巨大的迫害和苦难。

让我们再回到武昌。我们在这里有一所中国教会医院，每年能使上千人摆脱痛苦。有一天，两个小女孩被送到医院。她们的眼睛快要失明了。负责这所医院的马根济①大夫为她们做了手术，使她们重见光明。你可以想象，她们和她们的家长当时有多么激动！在医院中，这两个女孩听到了基督的故事。她们经过学习，成了基督徒，在她们的乡村家中过着幸福的基督徒生活。

有一个男孩被送来医院。他疼痛难忍，因为他做了一件在中国人看来是人人称赞的好事。他的父亲病得很重。这个男孩为了救他，从自己的大腿上割下了一块肉，与其他食物一起，呈给父亲，希望这样能治他的病。在中国，有许多的孝子都会这样做。人们告诉他们，如果他们“以一颗纯洁的心”去行如此孝举，他们的父母一定会康复。这个可怜的男孩真是病了很长时间了。另一个男孩，他父亲是扬子江下游一个集市的地方官。他母亲来武昌城时，把他带到了我们的医院救治。在医院里，他不但疾病痊愈，而且在欧文（Owen）先生每天晚上的指导下学习，知道了很多有关基督教的事情，最后决心成为一个基督徒。我清楚记得他即将返回自己异教徒家前最后一个礼拜天的情况。他就如约瑟夫一样，即将远离那些热爱并崇拜上帝的人们，去往远方。然而，我们相信，至高无上的主既然能

① 英国伦敦会医学传教士马根济（John Kenneth Mackenzie），1850 年 8 月 25 日生于苏格兰雅茅斯，1875 年来华，先在汉口传教，后于 1879 年赴天津。在天津期间，马根济在李鸿章的协助下，建立了伦敦会医院，并成立一所医学校。1888 年感恩节凌晨卒于天津，终年 38 岁。

够让约瑟夫在埃及黑暗土地上坚持自己的信仰，也必会让这个中国男孩经受住他必将面临的考验。

我向你们讲述过，我们怎样一步一步地让中国的家长同意孩子来我们的学校读书。现在，让我来讲一讲他们的学习情况。我们一直在努力培养既精通学问，又通晓基督教义的综合人才。这些孩子的中文学习一点没有耽误。除此之外，他们也学习《圣经》和《基督教问答手册》。他们有非凡的记忆力。如果被放在与英国孩子相同的环境下学习同样的功课，他们会大大超过大多数英国儿童。他们中的大多数人从不把背诵几个章节当回事儿，甚至整本福音书也不在话下。不久之前，在华北的一所教会学校中，有一个男孩竟能不出任何差错地背诵整本《新约全书》。

我多么希望你们能听到我们的中国孩子唱诵赞美诗。在华中地区，这些孩子的嗓音并不那么动听，很长时间他们甚至没有节奏的概念，但他们对唱诵赞美诗却十分投入。他们所唱的赞美诗大部分都是你们在英国所唱的赞美诗的中文译本。

在举行乡试的那段时间里，成千上万的学生从各地来到省城，为中举而一争高下，武昌城上下因此一片繁忙。

我们教会学校的有些男孩，家里非常贫困，不得已只能上半天学，其余时间得提着篮子，把里面装着的坚果和点心卖给那些来武昌赶考的考生，以帮助家里增加点收入。我听说，就是在这样的情况下，这些孩子乘着卖东西的机会，不时地聚集起来，唱诵他们从教会学校学到的赞美诗。那天他们唱的是一首他们刚学会的赞美诗：

“天堂里不再有悲伤，也不再有伤痛和死亡。”

听到这些奇异的歌曲，一些人向这些孩子围拢过来。

“你们在哪里学的这首歌?”一个严肃的老者问道。这位老者鼻梁上架着一副玳瑁镜架的眼镜，从中国人角度看，一副学问很深的样子。

“我们是在喜信堂学的。”孩子们回答。

“这歌听起来很奇怪，但还是有迷人之处的。真想不到这些外国人会教孩子们学这些。”另一个学生说。

听到我们的孩子尽力地歌颂基督，我们心里充满欢喜。我们知道，上帝也会同样高兴，同样愉悦地接受孩子们的服务，尤其是在他们成长的最早起步时期的服务。

其他的孩子则在自己的家中复习在学校学过的课程。有的还把自己学过的内容教给他们的小伙伴。我们中间有个孩子，名叫迟四虎。他的许多小伙伴因为家长的反对而不能来教会学校学习。于是，他放学后就把学校中听到的有关《圣经》的故事讲给小伙伴们听。有一天，布莱森先生在学校旁边的教堂中布道，突然发现一群孩子正往教堂里面观望。他并不认识这些孩子，但奇怪的是他们不像其他异教徒的孩子，对他一点也不惧怕。布莱森先生开始与这些孩子交谈。他惊讶地听到其中一个孩子说:“我们知道去拜神偶是不对的。我们应该崇拜的神是天上之父。他派自己的儿子为我们而死。”他们接着说，因为每个人都做过错事，都是有罪的，都得受惩罚。基督死了，但那些信仰他的人却可以得救，能在天上永生。

“是谁教你们这些的?”布莱森先生问。

他们回答说是他们的小朋友，即我们的学生，迟四虎。迟四虎并不是我们孩子中最聪明的，但我们为他的所作所为感到欢欣鼓舞。他把自己当作了一个小传教士，把他在学校中所学的又转教给他的同伴。

圣诞节总是上我们学校的中国孩子最盼望的节日，因为那时我们要举行一个巨大的宴会，分发一些奖品。圣诞节的前一天，学生们就开始忙碌起来，去收集常青树来装饰我们的教室。他们把许多《圣经》图片贴在教室四周的墙上，再挂上一副立轴，上面写着一段课文或一些适当的格言。

在我们的教会所在地的中国基督徒中有一位男士。他来自地处偏远省份的一户富有人家，但是挥霍了所有钱财，变成了一个穷人，流落到我们这个城市，第一次听到了上帝的福音。他写得一手好字，常常在春节时受聘书写许多偶像崇拜和迷信的对联而赚一大笔钱。在他听到了福音布道后，他仍收到了很多邀请，让他书写对联。他当时还不是教会的成员，但他回答说："对不起，我已决定加入基督教了。我再不会做任何与偶像崇拜有关的事了。"下面是他为学校圣诞宴会所写的对联：

"基督诞生日，普天同庆节。"

我们的书桌上装饰着各种植物。有从光亮的叶子中探出头来的清香的柠檬；有结有鲜艳浆果的南天竹以及其他许多植物。

在圣诞节早晨，你可以肯定，孩子们和家长们一定会身穿他们最好的服装，准时到达。一开始，我们一起唱赞美诗。赞美诗为"听啊！天使高声唱"。当然是用汉语唱。唱完后，孩子们专心聆听《伯利恒的婴儿》这个美丽动听的故事。然后，由牧师致圣诞祝词。这一祝词尤其对年龄最小的孩子很有吸引力。所有的仪式完了之后，开始颁发奖品。这一刻是孩子和家长们最激动的时刻。孩子们一个接一个走上前来领取发给自己的奖品的时候，他们心里有多么兴奋！

每个人都因得到了礼物而高兴，尽管礼物的价值各有不同。有的得到一顶漂亮的中国小礼帽。这是对即将到来的新年最有用的礼物。有的得到从英国远道而来的铅笔和折叠小刀，是那些关爱中国孩子的英国人赠送的。礼物中还有带插图的书本。这些书籍将给这些孩子以及他们的朋友带来长久的欢乐。

每个孩子都得到礼物后，圣诞宴会就开始了。你会很惊奇地发现，他们使用筷子时那么灵活快捷，饭碗里的米饭那么快就又需要添加。每张桌子坐八个孩子，桌子的中央放着一大盆炖鱼或炖肉。按照中国的习惯，每个孩子自己从中央的盆里拈菜，但各自有自己的饭碗。

除了常规的日校外，我们还有主日学校。所有常规日校的孩子都可以参加主日学校的活动。此外，他们还可以动员其他孩子来参加，越多越好。通常，他们会对被动员的孩子保证，只要去了主日学校，肯定能得到老师给的一张英语小图片。

有些大孩子已经离开学校，但出了一些问题。如果得到老师的允许，他们可以重新回校来上学，但很可惜，能这样被允许回校的孩子数量太有限了。

主日学校的活动顺序就如同英国的主日学校一样，以唱诗和祈祷开始，然后老师授课。那里的老师都是教会成员。

每个老师教一个班，但上的都是同样的课程。课程内容在前一天清晨由任课老师与牧师一起商定。上课完毕，老师就把当天所上课内容的彩色图片挂起，然后向学生提问，考查当天所学的内容。

每一个问题刚刚提出，一双双小手如小树林一样纷纷举起，表明他们能回答这一问题。我觉得，英国孩子如果上同样的课，必须十分认真听讲，否则会发现，中国的男孩和女孩会比他们更容易通过考试。

让女孩子来上学要比让男孩子来上学困难得多，但如果她们能来，并能不缺课，我们发现她们会和那些男孩子一样聪明。每当一些重要节日之前，我们都要非常严肃地对学生讲偶像崇拜的害处，因为我们知道，他们会在许多场合遇到此类的情况。

有一年春节假期过后，我们发现，我们的一些男孩去了几座庙宇，拔掉了神像前面焚烧着的香烛，扔在地上。他们还去了一座小庙，推倒了一两尊大神旁边的小神像，以此告诉人们，这些神像毫无用处，人们无需害怕它们。当然我们不得不谴责此类的非法行为。

有些一开初就来我们学校上学的学生现在已差不多步入成年人行列。

他们中有人想成为传播福音的牧师，另一些人在为进入商界或服务业做准备，但他们都在努力争取像基督徒一样生活。

第二部

第一章 耀庭——第一批收获的果实

20多年前8月中旬的一天，华中一古老城市的街道上一片繁忙。一些本已鲜艳夺目的招牌如今又上了一层新漆，大多数商人神采奕奕，干劲十足，好像天下太平，生意兴隆。如果离开繁华的大街来到偏僻的小巷，你会看见许多人家的大门上贴着大红的帖子，暗示着此地有房子出租给“未来的状元”。那些想要租房的年轻书生怎能经得住如此的诱惑。所有这一切都表明，三年一度的科举考试即将举行，这个城市将迎来一万考生。这些考生来自本省的各个地区，都希望通过这次竞争激烈的考试获得一张进入中国官府和赢得荣誉的通行证。

来这里的不仅有穿着华丽绸缎大褂的年轻人，也有那些银发飘飘、弓腰曲背的年长之人。这些人已屡进考场，虽然在万人选六十一的严酷考试中每每失利，他们仍下定决心再做一次尝试。在他们眼里，寒窗苦读数十载，为的就是那功成名就的荣誉，再苦再累也在所不惜。

正在这时，一个体面的中年人穿过一条拥挤的街道，在一家织品店前停下脚步，透过商店卸去门板的门面，看着店中陈列的精美手工织品。织品中有绣着枝叶花朵的鲜红方巾。

作为结婚礼物，这很是抢手。这里还有适合各种类型妇女的头巾和头饰，都摆放在一种类似绑带或头冠的装饰基座上。有的上面有漂亮的绣花，有的插有类似小小的胸针样的装饰物。在它们旁边，是各种带有精致丝穗、色彩鲜艳的男孩礼帽和精工绣制的荷包，以及其他各类小玩意儿。

该店的店主雇用了附近的一大批穷苦妇女。这批妇女以她们的精湛手艺挣钱，贴补家用，保障全家老小最低程度的衣食必需品。

不一会儿，这位观看店中各种装饰性针线活的男士走进了商店。他想买一个眼镜盒。经过了一番讨价还价，生意成交。可是这位顾客马上沮丧地发现自己所带的钱不够。他向四周看了看，看见一个大约 7 岁的黑眼珠男孩在他身旁玩。这个男孩名叫耀庭，非常聪明可爱，是家中的宝贝。这个顾客对伺候他的店伙计说，实在对不起，他没带够钱。他的家就在不远，能不能让这个小家伙一起去他家取一下钱。出于中国人特有的礼貌和客气，伙计立即就同意了。于是，这个中年男子带着小男孩一起走出商店，融入繁忙的街道。

与此同时，小男孩的父亲已回到家里。因为忙着与顾客应酬，他一开始没有留心到自己的儿子不在店里。“耀庭在哪儿?”父亲过了一会儿问道，期望听到的回答是小家伙正在和小伙伴们玩耍。

“耀庭?”这位伙计重复道，脸上出现了惊愕的神情，“我想，他早就应该回来了。”

“他去了哪儿?”父亲随口问道，并没有疑心什么。

"哎呀，一个钟头以前，他跟一个主顾去了喜信堂，就是城里刚开的那家。"

这一下子孩子父亲的脸色惨白了。他转过身对着那年轻伙计，严厉说道："你竟敢让我的儿子去那个恶名昭彰的地方！你难道没有听说吗？那帮外国佬要杀了我们无辜的孩子，挖他们的眼睛，用他们的血肉来制造那些有奇效的怪药！糟糕！孩子此刻可能正遭大难！"父亲无法忍受他想象中的悲惨场景，一下子冲出房子，决定不惜一切，也要从外国佬手中救出自己的孩子。

与此同时，孩子的母亲和家中其他成员也听说了，他们的宝贝疙瘩、家族的希望之星被那该死的"耶稣教"成员拐跑了。她们嚎啕大哭，就如同已经得到了孩子的死亡报告一样。这位勇敢的父亲，不顾大街上拥挤的人群，毫不理会身背重物、匆匆行进的苦力，一切眼前的东西他都视而不见，充耳不闻，一心只想着处于危难中的儿子。他一口气跑到了"耶稣教喜信堂"。这是一所非常普通的中国式建筑，只是由一家商铺改成了一座布道堂。要是在平时，他绝不会想到要走进去。但是此时此刻，孩子就在里面，作为一个父亲，他一心想的只是怎样把孩子救出来。他冲了进去，一眼就看见了自己的孩子。小耀庭正在高高兴兴地与一个和他年龄相仿的中国孩子一起玩耍。

喜信堂的教牧正是把小耀庭带来取钱的中年男子。他走向前来，客气地请耀庭的父亲进入客厅，请他喝茶。同时为把耀庭留在这里这么长时间而道歉，因为这孩子舍不得离开自己新结识的小伙伴。要是在其他场合，我敢肯定，耀庭的父亲范先生一定会谢绝这种邀请。他绝不会去品尝提供给他的任何饮料。他害怕这根本不是什么茶，而是一种“迷魂汤”。一旦喝了这种药，人的思维和生活就会改变，就会“乖乖地做任何耶稣教徒说是正确的事情”。

但是，当他看见自己的宝贝儿子安然无恙，一颗沉重的心终于放了下来。他一时间好似忘记了对基督教的所有诽谤报道。他与包先生[①]一起坐了下来，喝着他提供的茶，共同抽一袋友谊烟。尽管没有待多长时间，但在临走时，范先生答应还会再来教会拜访，同时也邀请包先生去他家坐坐。包先生很有礼貌地把范先生送到门旁，让他“慢走”，同时以中国人特有的方式对招待不周深表歉意。范先生用平常的客套话加以回复，牵着自己小儿子的手，怀着感激的心情向自己的家走去。

全家人都欢迎这个小失踪者的归来，一起欢呼雀跃，同时也为自己先前的担心感到好笑。那天晚上，喜信堂牧师的家中也充满了喜悦。这个可怜的牧师，他的生活也充满了艰辛，因为他是这个大城市中唯一一名基督教牧师。他也许早已习惯了老百姓的嘲笑，高傲文人的讥讽，但是不断地重复并没有使他感到这些蔑视的词语攻击分量有所减弱。那些孔夫子的傲慢追随者们不停地责问他，到底有何企图，使得他竟然试图帮助那些“蛮子”，在中国圣人的追随者中传播西

① 包廷璋，崇真堂首任华人堂牧。

方那位闻所未闻、称为“耶稣”的人的教义。

人的本性很难习惯这一切。每当夜色降落在狭窄的街道，这孤独的基督仆人关上布道堂的大门时，他的心情也随之下沉。如同当今中国的其他许多基督徒一样，他被人指责，被人鄙视，被人痛恨，不得不举着十字架，紧跟着神圣的主沿着充满考验与苦难的道路前行。而跟自己的仆人一样饱受诱惑的主同情他的忠实追随者，洒下光明，照耀他们踽踽独行的道路。

小耀庭的冒险经历如一条纽带把他的家与牧师之家连接了起来。他们之间不断地来回互访，使得这位基督教牧师有机会向他的新朋友介绍他坚信的真理。两家的妇女也相互认识了。牧师的妻子很高兴地告诉她的异教徒姐妹，神圣的主是各国妇女的朋友。

随着时间的推移，耀庭的父亲对基督教的信任越来越深，决定加入这个被人鄙视的基督徒行列。他的妻子也心向基督教。他们都被吸纳为教会成员。每逢礼拜日，耀庭和他的父母都要参加教堂的活动，几乎从未缺席。小耀庭全身心投入唱诗时的幸福脸庞成为我在中国早期活动的美好记忆之一。那些著名的赞美诗的中文译本对中国人的吸引力并不亚于英语赞美诗对英国人的吸引力。

耀庭在教堂的座位位于他的年轻朋友，即牧师的儿子，和我们年长的胡执事之间。胡执事是那么忠实而热心地侍奉我们神圣的主。他持之以恒的愿望就是把使自己的生活充满欢乐的福音告诉给所有未曾听过福音的人们。这小小的三人组合中的两人现在已不再是教会的斗士。他们已站在了神圣之主的宝座前，成了无人能数清的万众中的一分子。这些人来自于各个国度、各个民族、各种不同语言的人群，“秦人之国”（Land of Sinim）[①] 现在也成了其中之一。

我所记得的小耀庭生活中的另一个重大事件就是他的婚礼。那时，他只是一个 16 岁左右的小伙子，但按中国习惯，这已经不小了。中国人习惯于童婚，在男孩和女孩很小年纪时就让他们成婚。婚礼那天我们受到邀请，参加婚宴。我在婚宴上见到了这位小新郎。他身穿着高官所穿的那种大袍，显得十分英俊，意气风发。我估计在中国人的婚礼中，所有的新郎都穿这种服装。按照中国人的常规，新郎为宾客们端上了几道菜后就下去休息了。小新娘长得没有小新郎那么好看，脸上有出天花后留下的疤痕，但表情温柔又带着一股严肃。她过去曾和她的婆婆和小妹妹一起来听我们每周的《圣经》课。她总是用她那恐惧却好奇的眼神打量我的一举一动。这可怜的孩子的行为并不奇怪。她的娘家在乡下，肯定听到过许多有关那些可恨的外国佬的可怕故事。她不能像婆婆家其他人那样一下子对我们放心。但慢慢地，我们赢得了这颗幼小的颤抖着的女孩之心。她不仅开始对外国老师持友好态度，更重要的是她开始热爱基督，把基督作为她的救世主来

---

① 《圣经·以赛亚书》第四十九章十二节：Behold，these shall come from far：and，lo，these from the north and from the west；and these from the land of Sinim（看哪，这些从远方来，这些从北方、从西方来，这些从秦国来。）

敬仰崇拜。经过一段见习期，她最终被正式吸纳，成为当地为数不多的基督徒之一。而她的丈夫在几个月前已正式加入了基督教。

我永远不会忘记耀庭和他的年轻朋友，即牧师的儿子，皈依基督教的情景。尽管他们俩还是孩子，脸上还留有稚气，但他们已是基督之子，已经披上了上帝的盔甲。我们走上前去，与他们一起全心全意地祈祷，祝愿他们坚守自己的信仰，一生一世永不动摇。

一年多以后，一个小孙女降生在范家。基督教义并没能马上改变和去除异教徒祖祖辈辈传下来的习惯和想法。得到的是一个孙女，而不是朝思暮想的小孙子，这使全家感到很失望。但是即使这样，这个小女孩还是受人疼爱，得到了精心照顾。她受洗礼那天，她的祖母兴高采烈地将她抱在怀中。回想起来，那一刻好似是范家的命运中得到的最后欢庆时刻。当然，这并不是说他们的日常生活在此之前就远离磨难和迫害。在中国，即使今天，作为基督徒的家庭不可能不招来麻烦。邻居们即使对他们不仇恨，也会“疑”而远之。地方上会不断地征收各种杂税，用于偶像崇拜活动。如果基督教家庭拒绝缴纳，就将面临种种侮辱，甚至伤及身体及生命。

一年到头的接连不断的异教节日中，基督徒成了人们眼中的另类。而他们做礼拜却成了人们的笑柄，不仅遭到讥笑挖苦，而且成为邻里间诽谤中伤的主要对象。而所有这些只是中国的皈依者受到的最普通的折磨而已。

基督教的教义与其他异教的教义有着本质上的区别。根据大多数伪宗教的教义，只要你信奉诸神，你就可以得到荣华富贵，你就可以长生不老，事事兴旺。而基督教的《圣经》却声明："因为主所爱的他必管教，又鞭打凡所收纳的儿子。"

对于范家，真正的考验就在眼前。父亲得了重病，一天比一天虚弱。他们请了当地最好的医生，试了不少方法，都没有奏效。他不愿离开自己的家，去扬子江对岸英国人开办的医院治疗，但感激地收下了送给他的洋药。他的家人对他精心照料，采用西方式的而不是传统的中国式的护理方式。可惜他已病入膏肓。在炎热的夏季，他身体日趋虚弱，最后与世长辞。他的尸体入殓后，面容宁静而安详。周围的异教徒邻居应邀来瞻仰遗容时，他们都倍感吃惊。同时他们也亲眼看到，基督徒死后要剜去双眼的传言完全是不实之词。这种处理后事的方式对这些邻居来说是多么的奇特！没有惊天动地的嚎哭，在死者亲属的自然悲伤中更多的是一种期盼，期盼着将来的一天在坟墓另一端的国度里幸福相会。

这里，没有焚香，没有烧纸钱，没有在灵牌前的磕头，也没有请来道士驱魔赶妖。这一切实在让人不可思议。

年轻的耀庭马上开始担当起这个基督徒家庭一家之主的职责，同时也将面临与此无法分离的各种苦难。他是个很有前途的小伙子，具有他父亲和蔼友善的品质，也有他父亲缺乏的决心和坚强的性格。我们当时有多么美好的愿望，期望着他会大有作为。而现在，我们却坚信他将在遥远的另一端担负着更崇高的使命。这一切是不是很不可思议呢?

就在耀庭生命中最年轻力壮的时候，曾经逼迫多少英国人离开可爱家乡的疾病，此时成了呼唤耀庭回家的上帝的信使。耀庭患上了肺炎。尽管用尽了各种医疗手段，多少人为他不停地祈祷，但上帝似乎并不希望他的生命再拖延下去。我们眼看着他慢慢地一步步走向生命的尽头。他在那小小的华人教堂里做礼拜时看上去曾经是那么的幸福。就在生命的最后一刻，他仍然在家人的陪伴下坚持去做礼拜，那场景的确感人至深：他的身边是已丧夫的母亲、年轻的妻子和年幼的女儿，而这一家子的希望和主心骨将永远离他们而去了。

1882 年 2 月 9 日，传来了上帝的呼唤。他在一小群基督徒朋友的照看下接受了召唤。他们把他送到他热爱的救世主手中。“我知道，耶稣在我身边。”说完这句话后，他叫来了他那已经失去丈夫而又要失去儿子的母亲，请求她不要为他难过，希望她不论遇到什么苦难，在任何情况下都不要放弃基督，都不要减弱对他的信任。同时，他慈爱的心也告诉他，他的家人将受到的苦难既不会轻也不会少。没过多久，他的灵魂随着他所信任的救世主而去。他的遗体安葬在了我们尚待发展的教堂的墓地之中。就在东城门的外面，就在那个异教古庙的阴森院墙的阴影下，耀庭的躯体将躺在那里，直到复活之日的早晨。

荣华富贵和长生不老是异教徒在神庙里祈祷时的愿望。但即使像我们这样的基督徒，以我们短浅和世俗的眼光来看，我们也多次认为，耀庭这样的年轻基督徒应当多活一些时日，以便为上帝而战，尤其在这块基督战士如此短缺的土地上。但上帝有他自己的安排。他呼唤耀庭去上天执行更高的任务。他短暂而光辉的一生已经结束，但是他的记忆将永远留在热爱他的人们的心中。

第二章　新姑——新女儿

多年前，在离汉口集市 100 英里左右的汉川地区的一个小村庄里，生活着一家姓胡的村民。

这家的父亲拥有一小块土地。他不仅耕种这块土地，而且也以给人剃头为业。从事剃头这一行业的人在中国地位不高，尽管中国人比其他民族的人更依赖这一行业的服务。从事剃头这一行的人，加上戏子和官人的仆役，都不能参加科举考试。而通过科举考试，哪怕你是最穷的农民的儿子，也可能获得高官的位置。

但是，从宗教的角度看，胡已是一个身居高位之人。他的头顶上留有受戒仪式留下的黑疤。这一仪式对俗人或者那些已经脱俗的僧人都可使用。然而对基督徒来说，这也许是不可思议或相互矛盾的，因为尽管作为佛教信徒，胡已获得了很高的地位，但他在村子里却属于品行极差之辈。村里的人都很怕他，而村里发生的绝大部分邪恶之事都是他领头犯下的。

终于有一天，湖北的这个小村庄里来了一个牧师，宣讲一种外国人的奇怪新宗教，叫作“耶稣教”。堕落之中的胡由此听到了基督以自己的死换取所有罪者的新生的喜信。他的心受到感动，拜倒在那位远在加利利、被认为是“税吏和罪人的朋友”

的至高无上的主的脚下，寻求对他作恶多端的过去的饶恕。他的整个生活从此改变，以往的恶习改得一干二净。他的改过行为成为众人谈论的话题。他急迫地希望自己能公开与耶稣的追随者为伍。1874 年 6 月，他通过受洗被接纳为教会的成员。

在受洗之前，他决定烧毁他那张戒牒，即受戒仪式的证明。他的异教徒朋友对此十分惊愕，因为在他们看来，那是最宝贵最神圣的文件，是功圆德满的标志，也是可以借此轻松挣钱的工具。在他的邻居眼中，胡如此不顾一切，贸然毁弃象征着如此殊荣和积攒多年的功德的证书，不仅仅是对神灵的践踏，也是一种愚蠢的浪费。他们特别好奇，想知道这个新宗教到底有什么诱惑和力量，能如此改变人们的一生，使他们宁愿忍受迫害与损失，也不放弃自己的信仰。而这所谓的信仰崇拜的竟是一个在中国毫不知名的西方圣人。在这些人眼里，那个圣人是从西方而来的，自然无法与在伟大的"天朝"诞生的任何圣人相提并论。

胡成为基督徒后，家里的变化如此巨大，他的妻子也自然地被基督教所吸引。她专心听着丈夫讲救主耶稣，讲述耶稣之死不仅为了拯救丈夫，也为了拯救妻子；不仅拯救儿子，也拯救女儿。这些故事在中国人听来虽然有些离奇，但却使她心灵洞开。她也成了基督的信徒。他家的小女儿也从中获得了召唤她的信息。

新姑是她的名字，意思为"新来的姑娘"。我真希望我能给你们看一张她的照片，可惜她从未拍过照片。那么，你们就在脑子里想象一下，一个神采奕奕的中国姑娘，乌黑的头发，辫成一条大辫子，垂在身后，辫梢上缠着一条红头绳。她穿着素色的衣服，不论在色彩上还是在样式上从没有什么太大的变化。她的衣着包括一件蓝色的棉布外衣和一条相同质地的灯笼裤，偶尔衣裤用漂亮的丝带镶边。每当她听到有关耶稣的动人故事时，她的黑色眼睛闪出好奇的光彩，就好似看到了耶稣把自己的大手放在孩子们的头上，将他们变成了自己的子民。这些故事与有关佛像的故事差别太大了。那些佛像放在中国的庙宇中供人敬拜，但总是让她心里感到阵阵恐惧。

新姑永远记得8月的那一天，她和她的母亲以及其他几个朋友一起，离开了那个安静的村庄，顺着汉江湍急的河水顺流而下，来到我们这座城市探亲访友。他们顺流而下的汉江，发源于帝国的西北部千万里以外的地方。他们的船在江上蜿蜒行驶了百余里，两岸是一望无际的平原，偶尔点缀着一些绿色的小山坡或者隆起的小土丘。终于，新姑和妈妈及朋友们到达了湍急的汉江与雄伟的扬子江汇合的地方，也就是汉水的河口，汉口，一个宏大的商贸城市。这两江汇合处多么壮观啊！到处竖立着如林的桅杆，停泊着各式各样的船舶。有装载着四川产品、船尾精致的平底船，还有更吸引人眼球的江西来船。做工粗糙、航行完毕即可拆掉的驳船上满载着从湖南煤矿运回的煤炭。除此之外，还有许多其他的船只。再看岸边，沿岸而造的一排排房子样子好奇怪！它们好似都矗立在桩子上面。一根根长长的桩子楔入河岸，一座座房子就建在上面。夏天时，上涨的河水淹没了河岸，整个城市就好像扩展到了江面之上。待到8月底，江水退去约40英尺，便露出了这极其奇怪的景象。

这个城市的街道多么繁忙呀！日复一日，街道上总是挤满了人，包括来自几乎所有18省的外省人。商店的景象更为繁华，到处可见服装店和珠宝商店的巨大展示柜。女子服装镶着昂贵的皮里子，装饰着金穗，袖口上镶着各种绚丽色彩的丝织条带，上面绣着仙境、虫鸟。再看那些鞋店！可能有男人穿如此精致的绸鞋缎鞋吗？金银器店的工匠们展示着各种发饰、耳坠和大得出奇的戒指。还有那些餐馆和小吃店。你们是否曾经梦见过那里出售的各种珍肴美味呢？这一切都让新姑这个从乡村来的小女孩倍感新奇。她兴奋迷惘地穿过一条条对她来说都是豪华无比的大街小巷。尽管所有这些都让她眼花缭乱，但还有一样更吸引她的东西，这就是在那个小小的中国教堂中举行的礼拜仪式。看到那么多的同胞也是基督的仆人，她感到既高兴又安心。礼拜日到来的时候，这个小女孩与她的亲戚来到礼拜堂，和其他基督徒一起虔诚崇拜我们独一无二、有血有肉的真正上帝。

在乡村里，一两家基督徒聚在一起，学习上帝的圣言，彼此帮助，灵性交流，以更好理解生活的含义时，那是令人愉快的一天。小新姑礼拜天被领进汉口教堂，看到满满一屋子已经正式信仰基督的男男女女，听到他们全心全意地歌唱圣诗，赞美牺牲自己儿子来拯救众人的天父，她的心充满了欢乐。也许有人会觉得，与这个大城市中千千万万的异教崇拜者相比，信仰基督的人数太微不足道了。也许有人会觉得他们之中有许多人在唱赞美诗时音调太高，五音不全，但在小新姑的幼小心田里，这就是上帝的圣殿，这就是通往天国之门。

1876 年 12 月，新姑和她的母亲以及姑姑通过洗礼加入了基督教。她们受洗的地方不是在这个大城市的中心教堂，而是在她亲戚家所住的汉阳城中一个稍小的聚会场所。不久，她们几个人回到了汉江旁的安静小村庄。在繁华城市中的那些天所经历的一切成了她们梦一般的美好回忆。但这不只是一个梦而已，因为在乡村的家园播撒下的良种，在那次访问时得到了水的灌溉，开始生机勃勃地迅速成长，而现在将要结出果实。

她的生活多么快乐，尽管平平淡淡！在艳阳高照的夏天，采摘棉花的季节到了。妇女和儿童们纷纷来到地里，从露出白色小头的棉荚中采摘雪白的棉花球。所有人都兴高采烈地摘棉花。其中有小到只有两三岁的女孩，也有弯腰驼背的老太太。小女孩喜欢模仿大人把白绒绒的棉团一把把装进自己小小的衣兜。老太太尽管年纪太大，无法再干活，但她愿意坐在舒适的阳光下，听着那些采棉姑娘叽叽喳喳的欢快闲聊声。新姑也很喜欢参加摘棉花的工作，也非常享受这些快乐时光，尽管她常常受到邻居们恶意的冷落。他们经常用难听的名字来称呼新姑和她的朋友。他们非常恼怒新姑和她的朋友不去寺庙拜神，而去热爱和敬拜什么上帝。在中国，有些喜欢黑暗而憎恨光明的人们，把耶稣的名字与他们想象编造的残暴罪行联系起来。难怪那些未受过教育的村民一想到他们认识的人中会有人去喜欢那个神秘的信仰就会毛骨悚然。在耶路撒冷的大街上，当疯狂的人群大声呼喊“把他钉在十字架上！”时，我们充满怜悯之心的圣主曾说道：“那是他们不知道自己在做什么。”这样的怜悯之词即使在此时此刻也是需要的，因为我们的救主为之献身的世界上仍有成千上万的人们在黑暗中游荡。他们看到了第一束圣光时，却常常回避，拒绝接受。

除了采摘棉花外，新姑的小手还要从事其他许多轻微工作。村子里养了很多蚕，小新姑要看管许多那些本属于她父母看管、辛勤劳作的蚕宝宝。她用新摘来的桑叶喂它们，无微不至地照看它们，直到它们不再需要任何食物。待到一个个大竹匾上聚满了一个个发亮的淡金黄色球状的蚕茧时，那是多么漂亮的场面呀！也就在这时，小新姑的任务才算完成。

新姑的生活总的来说是充满阳光的，但这时一个巨大的不幸给她的快乐童年投下了阴影。新姑的母亲是一个非常善良的人。凡是与她接触过的人，都会被她和她所热爱的宗教吸引。新姑一直以来深得母亲的精心照顾，但此刻母亲的身体每况愈下。没过多久，母亲的病情加重，很快就离开了人世。

母亲离开这个世界时，没有一丝惧怕，因为她知道，她将要去的世界更加光明，将有比现有家庭成员更亲密的圣父在等着她。但唯有一件事使她心里不安，这就是她小女儿极不确定的前途。早在听说有基督教之前，他们已将小新姑许配给了异教徒邻居家的一个儿子。在中国，订了婚就得嫁。她父母一想到自己的女儿将要成为一个异教徒家庭的成员，必须要在家族香案前磕头，必须要去寺庙烧香拜佛，心里便很不是滋味。这种恐惧一直压在他们的心头。虽说这一恐惧步步逼近，但终归还不在眼前。但现在她的母亲已经死去，她的婆家极有可能要求她立即嫁过去。

布道会上的乡村听众

忧心忡忡的父亲马上派人去省城武昌，恳求住在武昌的兄弟去找一户基督徒人家，安排新姑在那里待上几年，使她能够长大一些、坚强一些，再去面对她在婆家将遭遇的反对和迫害。他的兄弟也是一个虔诚的基督徒，但家中一贫如洗。如果他不顾良心，仍然操持着以往的异教徒生计，也许情况会好一些。他来到我们的教会，想听听我们的意见。我听完之后，很高兴地同意负责照看失去母亲的小新姑，让她来我们的教会学校上课。但这一安排还没有传到她父亲的耳里，同村的姑姑就已经表示愿意照顾侄女。这位姑姑就是在那个难忘的礼拜天与新姑和她死去的亲爱母亲一起受洗加入基督教的人。难怪小新姑与她心心相印，很乐意去她的家。

乡村的生活平平淡淡，没有什么惊天动地的大事。因此，外国传教士的来访在胡家生活中理所当然是一件大事。父亲把家中所有的活路放在一边，抽出所有时间来陪伴牧师，帮他宣讲福音。他们不仅在本村宣讲，还到邻近的村庄去布道。他们每到一个地方，人们按惯例通常会搬出桌椅，沏上热茶，热情地接待他们，同时认真地倾听他们讲述耶稣为了爱世人而献身的故事。人们十分好奇，他们走到哪里就跟到哪里。夜色降临时，村里为数不多但日益增加的基督徒们聚在了新姑父亲的家里。他们一一讲述到，尽管由于信仰基督教而遭受迫害和鄙视，但他们作为基督徒的生活还是愉快充实的。牧师听了很高兴，他衷心地感谢圣主，并从中增加了勇气。

有一次，这些基督徒们聚在一起举行团契时，一大伙人围在房子外面。有些人吵吵闹闹，存心捣乱，但另一些人却是急切地想了解这个新宗教。从天黑直到近半夜，这些基督徒和牧师一起一一为他们答问解惑。到了最后只剩下了几个询问者。

来访的人晚上必须住在船上，他们只得向这些荒野上的羔羊说再见了。新姑的姑姑给牧师的篮子里塞了些最好的鸡蛋，小新姑眼中含着眼泪，恳求让她把他们送到河岸旁。但是天色已经很晚，加之船停泊的地方离那儿足有1英里多之远，尽管小姑娘流着眼泪苦苦地哀求，他们还是在新姑父亲家与大家道别。

新姑虽然年纪不大，但教会中的人都认为这个小姑娘是真正“热心”的基督徒。他们所用的“热心”这个词很形象地描绘了一个人对自己信仰的诚挚。看到这个小姑娘能紧紧地沿着其死去的母亲的道路前进，当父亲的感到欢欣鼓舞，但只要一想到婚约，他就会忧虑重重，不知如何是好。经过一番仔细的调查，他发现在签订婚约时省略了一些琐碎的细节，而这也许能使他说服新姑的婆家放弃这个属于让人瞧不起的基督教派的儿媳妇。他决定不妨一试，提出这个要求，达到双方都能接受的结果。但是他的希望没能实现。新姑的婆家坚持认为婚约必须遵守。他有些心灰意冷，但还是想做最后一次尝试。他对他们说，他必须在婚约中增添新的条款。他的女儿是基督徒，她必须有崇拜她所侍奉的上帝的自由。既然他们知道未来的儿媳妇是基督徒，却仍然坚持要她过门，那么，如果婚后他们不遵守婚约中的这一新增条款，虐待迫害新姑，作为父亲，他就有权考虑要回这个孩子。对方的家里开始时强烈抗议，但最后还是让步，同意了这一主张。做父亲的稍稍放心了一点。但他再也别无他法，只能由上帝来处理今后的命运。他知道，无论如何，他的女儿都将面临荆棘丛生的道路。她只能祈祷，从上帝那里得到坚持自己信仰的力量，并用自己的温柔和爱心感化身边的人，为耶稣争取到更多的子民。

过了没多久，新姑所在的村庄的基督徒决心竭尽全力，帮助他们在城里的朋友。城里由于一次猛烈的暴风雨，教堂被摧毁殆尽，他们必须要重建教堂。新姑听到了他们的谈话，看见人们提着自己仅有的几串铜钱或几个铜板来捐助。

“我难道不能做点事情吗?”她问自己。“我得到了那么多，难道不能尽我的微薄之力来帮助修建上帝的用房吗?”

她悄悄地溜进自己的小房间，打开一个箱子。那里藏着这个姑娘所有的宝贝。她从箱底中取出一小串铜钱，只有100文左右，还不到英国的6便士，但这是新姑的所有积蓄。每一块铜板都含有一个故事。这块铜板是某个朝代的特殊货币，是在数钱和串钱时留给她做纪念用的；这块是她给邻居干活得到的回报。她提着这小串铜钱来到了隔壁的屋里，脸上充满了无比喜悦的神情！她把这串铜钱放在桌上与其他的捐赠品放在一起时，在场的每个人都无比感动。

“不，不行，孩子，我们不能收你的钱。这是你所有的钱，我们不能收!”

新姑的脸上出现了难过和失望的神情。难道她的圣主会拒绝她充满感激和热爱之情献给他的礼物吗？不会的，主绝不会拒绝的。看到她捐赠之心如此坚定，那些基督徒同意并接受了她的礼物。他们自己也捐出了勤俭节约所积攒下来的大部分钱财。我相信，在所有这些礼物中，没有一件能比新姑的爱心礼物更能得到圣主那温暖的赞许，就如同他以往收到相似的礼物时所赞许的那样："她所做的，是尽她所能的。"

我无法给你提供故事的结尾，因为新姑的生命还未结束。她仍然生活在平静的中国乡村，以她自己的谦卑方式，竭尽全力像一名真正的基督徒那样生活。她需要克服各种困难和考验，而这些困难和考验远远不是我们在英国所能想象到的。

你想对她表达你的同情和帮助吗？那么就为她祈祷吧。我们英国家庭中的幸福女孩为她所做的祈祷，她也许永远不会知道，但这些祈祷会变成强大的力量，使她更加坚强地当一个基督徒，并且用自己的光芒去照亮她出生成长的那块土地。

第三章　迟顺——衙门的小听差

每逢礼拜，当迟顺坐在一张离我很近的长条凳上时，我常常会注意到他那明亮的黑色眼睛和充满灵秀之气的脸庞。那时我刚到中国不久。虽然对一个刚离开英国来这里的人来说，中国人长得都很像，很难区别，但我那时已经能明确辨别他们之间的特征，就如同能辨别我们的英国朋友一样。正如我刚才所说的，迟顺长得很招人喜欢，我第一眼见到他时就被他深深吸引。我对迟顺的兴趣还由于他父亲的缘故。这是一个好父亲，是我所知道的一个最有自我牺牲精神的基督徒，不论在中国还是在其他地方。他曾经是碰运气游戏中的高手，而这些游戏在中国非常流行。由于善于打扑克牌，他只需给玩牌者出几个招就经常能赢得大笔钱财。有一天，他像往常一样带着一个筐子沿街兜售，筐子里装有条带、丝巾和其他小玩意。出于好奇，他走进了我们位于繁华街市旁的布道堂。在布道堂中他听到了救世主来到这个世界上“不是召有德之士悔改，而是召有罪之人悔改”的动人故事。他那天下午得到的信息使他陷入深深的思考，心情久久不能平静。此后他不断地来学习了解这个使他感到如此新奇的宗教。最终他将心献给了基督。所有认识他的人都惊奇不已地看到，这一新信仰如何彻底改变了一个人的生活和习惯。

从那以后，他生活的全部目标好似只是为了告诉他人使自己幸福的这些福音。他的家境并不富裕，但他绝不再利用礼拜日来做生意。传教士要去乡下的几个区传教时，迟顺的父亲常常要求带上自己，这样他就有机会把福音告诉那些生活在乡村的同胞。帮助传道占去了他做生意的时间，但他从不接受任何补偿。后来他染上了肺病，但是直到生命的最后，他仍然尽量做一些皮革小物件来贴补家用。那些华人基督徒们，无论谁遇到了麻烦或有什么痛苦，都会去他的病房寻求帮助和安慰。尽管他没有什么钱，但他的同情心、聪明的建议和他用祈祷将所有困难告知上帝的方法，使得每一个和他交谈后的人的心灵都得到升华，成为一个更有善心的人。他带着极大的喜悦和十分宁静的心情离开人世，他的光辉榜样成为武昌小教堂的一笔珍贵财富。

不过，我在这里要向你们讲述的，更多是有关这位好父亲的儿子，以及我是如何一开初就对他特别感兴趣的。那是一个夏天的礼拜日下午，我来到武昌大约一年的时间。午后的礼拜刚刚结束，我坐在那里等待布莱森先生回答完会众提出的一些问题。我的小朋友迟顺走进屋，和我交谈起来。我的口袋里正好有一本中国的基督徒写的小册子。小册子用民谣体写成，与中国基督徒爱听的许多歌曲相似。但是这本小册子中既没有关于众神的怪异行踪的愚蠢故事，也没有多愁善感的爱情故事。它只是写了一个以马槽当摇篮的婴儿的故事。这个婴儿虽然诞生在马槽，却迎来了天国的使者向普天下的人们吟唱宁静而欢快的颂歌。形象动人的图画和简单的诗文讲述了整个美妙的历史时刻。诗文中的汉字简单易读，于是我就让我的小朋友和我一起从头至尾读一遍。迟顺努力去读，但由于很多字他并不认识，他常常打着结巴，一脸的不知所措。这时，一直朝屋里好奇张望的伙计大声嘲笑起来："你假装会读！"他大叫道。"小不点，你根本就不认字！"可怜的迟顺满脸通红。中国男孩被人嘲笑时与英国孩子一样懊恼。

"我真希望我能读得好一些，"迟顺解释道。"以前，我还能经常去布莱森先生开办的学校。但他回英国后，学校就关了。我现在再也没有教会学校可上了，可我爸爸说，其他学校也不能上，因为那里的学生都必须崇拜孔夫子和文曲星。我多么希望教会学校再开门呀！"

其实我也有和迟顺同样的希望，但是要实现它，我们有困难。这个拦路虎就是钱。要开办一所学校，不论是在英国还是在中国，都必须要有钱来支付老师，购买书桌、板凳、书籍、书写工具和其他一些必需品。可这钱从哪儿来呢？我们思考这个问题有很长时间了，也为此祈祷过。终于有一天，我们收到了一封远在英国的主日学校的来信。信中说，以往约翰·班扬当过牧师的一所教堂的儿童募集了一些钱，将它们寄来，希望能将这些钱用在中国孩子的教育上。我把这一消息告诉我们的孩子时，这些男孩和女孩有多高兴呀！尤其是那些年纪稍大一些的基督徒更是兴奋。他们听说过一些有关班扬的事迹以及他奇妙的朝圣故事！班扬的《天路历程》

一书已经被译成汉语，书中插图里的基督徒穿戴着中国人的服装。他们留着一条大辫子，身穿飘飘扬扬的大袍。有了这笔捐助，我们的学校办了起来。虽然我们经常有入不敷出的时候，但是由于有英国朋友的捐助和在汉口英国租界的先生们的支持，我们能坚持把学校一直开办至今。

迟顺自然是我们的第一批学员。他在各个科目的学习中都进步很快，令我们特别高兴。听他“背书”，把《教义问答手册》或《男孩经典》一页一页的背诵，或把《圣经》逐章背诵，真是太使人惊讶了。他在学校待了一段时间，但后来因为父亲病重，不得不做些事来养活自己。有一个朋友，极富同情心，在衙门也有些影响，为迟顺谋了一个在衙门（也就是府台大人的官宅）当小听差的差事。这样，迟顺离开了学校，不得不置身于一小群仇恨基督教、总是编出一些有关基督教的邪恶故事的人群之中。他在自己的小箱子里带了一本学生版的《圣经》。有时候他会犹豫，是不是应该把这本圣书藏起来，以免被其他的仆人看见，把它没收。但是每当此时，他就会想起他在学校中所学的一切，想起身为基督徒的父亲的英明教导。他决定，尽管他只是一个年幼的小兵，但绝不应该为自己军服的颜色而感到羞耻。他向上帝祈祷，希望上帝给予他力量，使他坚守自己的信仰。于是，每天干完活之后，他待在自己的小屋中，静悄悄地独自一人认真阅读《圣经》。这样的情形持续了一段时间，没有人知道他读《圣经》的事情。

衙门的入口

但他的主人，也就是府台大人，习惯于在夜间其他人都休息后巡视一下他的院子。一天夜晚，他突然打开了迟顺的房门，看见迟顺正在昏暗闪烁的油灯下，专心致志地读着《圣经》里的优美故事。

迟顺终于被人发现了。他心想，这下完了，被发现与受人鄙视的基督教派有联系，肯定会被赶出衙门。迟顺胆战心惊地把他的《圣经》放在了府台大人伸出来的手上。府台大人拿过书，顺手翻了几页，一边翻一边读。从他阅读的眼神看，府台大人对书中的诗句带着赞许的态度。不一会儿，他把书递还给迟顺，说："我听说过这书里的一些奇怪故事，可看来这里面并没有什么邪恶的说教。你要喜欢它，就留着吧。"府台大人离开后，迟顺心中的一块沉重的石头落地了。他对圣主的信念更加坚定。他知道圣主能在衙门中保护自己，就如同他在很久以前能在叙利亚将军的家中保护犹太小姑娘一样。没过多久，府台大人的母亲去世。根据中国人的习惯，府台大人必须离职，回到自己的老家为母亲守孝三年。

府台大人很喜欢这个信基督教的小听差，就让迟顺跟他一起去遥远的江苏省。迟顺于是去了江苏，在那里待了大约一年，便听到了他父亲病危的消息。于是他辞去了工作，沿着扬子江逆流而上，开始了他的长途旅行，希望能在父亲去世前见最后一面。

回到武昌后，迟顺在一个美国传教士那里找到一份差事。美国传教士允许他回到以往的主日学校正常上课。这位美国传教士非常欣赏迟顺忠于职守、做事专一的品质。在与迟顺相处了一段时间后，他深切感到，像迟顺这么聪明灵慧的男孩，又信仰基督教，理应受到更好的教育，日后定能担当起在他的同胞中教授和宣传福音的重任。在这位美国传教士的安排下，迟顺进入了上海的一所神职人员培训学校，与那里的众多年轻人一起，接受成为一名基督教牧师必需的各项训练。迟顺在那里已有好几年了。当他站在布道台上的那一刻到来时，他在衙门中所服侍过的圣主一定会让他更加强壮，并保佑他一切顺利，把耶稣救世的喜信传播给那些从未听到过福音的人们。

第四章　蒙上阴影的光明前景，一名中国女学童的故事

扬子江峡谷的秋天。在广阔的中国大地，秋天是一年中最美的季节。在平原峡谷，人们像欢迎春天一样地拥抱秋天。一阵阵清爽的凉风袭来，焦干的土地在漫长炎热的夏季之后又获得了新生。在一块块用竹篱笆围起来的小院中，五颜六色的鲜艳花朵争相开放。高贵耀眼的鸡冠花与粗壮的向日葵交相辉映。向日葵籽还是中国人吃得很多的一种闲食。鲜红的石榴花像星星一样在光亮的叶子中闪烁。桂花的芬芳在空气中飘荡。在英国很难见到的各种颜色的硕大菊花使得每一个种花人都心花怒放。

正是在这一年之中的最美季节，在一个离扬子江边 20 英里远的一个集镇上，一个小姑娘诞生了。尽管这是家里的头一个孩子，但是，生了个女孩这一消息公布时，全家人并没有欢欣鼓舞。实际上，我觉得，头胎生个女孩反而让年轻的父母感到更糟。久未生育就已经够他们煎熬了，生了一个毫无用处、不受欢迎的女孩则使他们在家里的地位更加可怜。按照邻里的习惯，如果生了一个不想要的孩子，不如把她放在水桶中溺死。但做母亲的不愿这样做，千方百计说服丈夫

把这孩子留下来，丈夫居然同意了。这位年轻母亲是那么喜爱这个小女孩，不亚于喜欢一个男孩。过了一些时日，他们得给孩子选一个名字。通常，人们不会在女孩的名字上费什么心思。既然这孩子九月初九出生，干脆就叫她“九九”。这一名字也许你听起来很奇怪，但像这样取名在中国实在很平常。

有人认为，我们长大后的所作所为与我们的先天环境密切相关。小九九所在的环境简单朴素，你甚至可以称它为贫穷。但是中国人很少为舒适的居住条件费脑子。即使很有钱的人，也不明白我们所说的舒适家庭的含义，更不用说小九九的父母并不是富人了。他们家的地面可名符其实地叫作地面，因为它们就是夯实的泥土罢了。整个房子只有一两扇窗户。在他们看来，不是非开不可的话就千万不要开，否则恶鬼会从中进来。九九的父母还在每扇窗户上贴上一张小小的红纸，上面写着“姜太公在此”。这一纸条是写给恶鬼的。据说姜太公在过去是有名的武士。只要一提到他的名字，恶鬼就会害怕。房子的墙上挂满了蜘蛛网，灰蒙蒙的，像是布满灰尘。但是他们只能如此，因为在中国，墙壁绝不可以经常粉刷成白色，因为白色是服丧期的色彩。如果家中刷成白色，别人第一联想就是这家死人了。

尽管你会觉得小九九的家不是那么舒适宜人，但我想你们都会同意，她家所在的集镇位于这个国家非常美丽的地方。一旦出了她家的门，外面真是五光十色，绚丽多彩。这座小镇坐落在一排高高的丘陵的脚下。一些丘陵的顶上覆盖着深色的冷杉树。最高的一座山峰异常陡峭，山坡上依次建着三座庙宇，分别称为一重天、二重天、三重天，而三重天几乎建在了山顶。山下的峡谷风景秀丽，土壤肥沃，农夫们靠着勤劳的双手已经把它变成了丰硕的粮仓。大地被划分成一块块小小的田，间种着各种不同色彩的作物。这是因为在中国很少有大型的农场。这些作物中，有浅绿色叶子并且点缀着点点雪白棉球的棉株、沉甸甸的稻穗，以及阔叶的烟草和甘蔗。作物中还有高达10英尺的毛茸茸的小米，还有那些美丽的玉米，披着如丝缎般的紫色软穗，其苞谷粒如紧紧串在一起的闪亮珍珠。这一地区的树木植被也要比中国其他许多地区更为茂盛：优雅的竹子形成了许多阴凉的竹林；矮小挺直的棕榈树遍布了各个角落；乌桕树和樟树也长势旺盛。在峡谷谷底生长着松树和枫树。它们色彩斑斓，在秋天灿烂的阳光下闪烁着耀眼的光芒。

这就是小九九生活的环境。在这一环境中，在健康的乡村空气中，她不断地发育成长。冬天，她身穿小小的棉袄，而到了夏天，为她准备衣服根本不费什么周折，因为在炎热的夏季，她要穿的衣服很少。有时，她妈妈就把她放在一个大盆中，里面放一只小凳子，让她在里面一玩就是几个小时。要不，就把她放在夯实的地面上，由她爬来爬去，随便打滚，最后完全成了一个小泥人。就这样，她从婴儿变为儿童，不久就开始学着帮妈妈炒菜做饭。除此之外，她还得学习用从地里收来的雪白棉花纺线织布。她的生活也充满了欢乐，直到6岁以前她没生过什么病、受过什么痛。但是6岁那年，她妈妈开始给她缠脚。绷得紧紧的布条常常使她疼痛难忍，几乎要晕过去。但渐渐地，麻木取代了疼痛，最后，她终于有了一双足以让所有的小伙伴羡慕不已的小脚。

也就在大约这个时候，九九家的小镇上来了一个他们所称的“野蛮子”，使得全镇的人们都兴奋不已。你看，他的样子有多怪呀！他的前额没有剃光，也没有一条一米多长的大辫子，梳得整整齐齐地垂在身后。相反，他整个头上全留着剪得短茬茬的头发。至于他的衣服，有一点可以肯定，在他的国家，布料一定非常稀罕昂贵，否则他绝不会把自己弄得跟小丑一样，衣服裁得那么瘦，几乎全贴在身上，而不是像我们这里所有男人一样，穿宽松体面的长袍。他头上戴着一顶大大的宽檐帽，毫无疑问，他是想用帽子遮掩他那没有剃光的前额。他脚上蹬着一双里子、面子和鞋底都是黑色皮革制成的靴子，不像我们这里人，穿白色鞋底的布鞋。这一身行头使得他看起来那么滑稽可笑，难怪他走到哪里，哪里就有成群的孩子在后面紧紧跟随，就连大人也忍不住要多看他几眼。孩子们在他的后面大声喊着“洋鬼子”以及其他一些难听字眼。孩子的母亲有时出来干涉，揪揪孩子耳朵，以示对这种不礼貌行为的惩罚。但私下里，你也许会听到她们对邻居说，这些外国佬，穿得这么怪里怪气，他们自己都不自重，怎么可能指望孩子们的尊重。

其实，镇里的人不用担心没有时间搞清楚这个外国佬，因为他在镇上租了一所房子住下来，使当地人有足够的机会观察这个陌生人。人们不厌其烦地围在房子周围，捕捉着从这里传出来的每一个奇怪声响，仔细观察着这个外国人的一举一动。

这样的机会真是不少，因为这个外国人把他房子的前屋搞成了布道堂，每天都在那里谈论“耶稣教”，也就是他专门来这里向人们传授的新宗教。有许多本地人坚持每天都来听他讲道，因为这些有关耶稣的奇怪故事激发了他们的好奇心。也有人说，这个外国佬之所以来这里，是为了绑架或偷走这里的孩子。还有人说，他来这里是想让更多人入教，这样他就可以剜去新教徒的眼睛，用来制作那些有奇妙效果的药品。还有不少人相信，他是受其国家统治者派遣，专门来拉拢这里的人民，为他的国家征服中国做好准备。他的国家既然已经征服了周围大批西方国家，毫无疑问也想占有中国。

还有的人认为，这个传教士时常在附近的乡村中走来走去，一定是在寻找埋在我们的丘陵和峡谷下面的大量无价之宝。他们说：“那些外国佬和我们不一样。他们奇异的浅色眼珠能看穿土，看透水，看到下面很深地方藏着的奇妙宝贝。”这些话可真是没有说错。这个陌生人的的确确是在寻找信奉基督的心灵这一无价之宝，正如《圣经》上所说的那样：“人若获得了全世界却赔上了自己的心灵，那有什么益处呢？人还能拿什么换自己的心灵呢？”

这位传教士耐心地布道几个月后，人们开始慢慢理解他来这个国家的目的。如同在遥远的从前发生的情况一样，一些心灵被圣主开启，这些人成了耶稣圣主的卑微的追随者和纯朴的信奉者。还有一些人看到这个外国牧师宽厚仁慈，同情所有受苦受难的人，觉得自己加入这个新的教派也许能从中得到好处。这种人在圣保罗时代有，在今日的英国也照样可以找到。

我觉得小九九的父亲就是这种人之一。他曾经在教堂中非常认真地听讲，然后声称自己已经心向基督。不久，他与女儿一起参加了受洗仪式。他的女儿获得了一个新名字，从此以后被称为“喜九九”。然而，家中发生的这一巨变并未使喜九九的母亲更加快乐，原因也许是现实中本来也没有多少喜乐可言。她难以忍受邻居的冷嘲热讽，说她的丈夫抛弃了自己的祖宗。一天，由于忧郁过度，她食用了大量的鸦片，结束了自己的生命。喜九九从此成了一个没娘的孩子。

几个星期过去了，喜九九的父亲十分纠结于这个孩子的前途。那么小的一个女孩子放在家里没人照看，是件麻烦事，也没有一个女亲戚可以把孩子交托。有一天，传教士提了一个建议，把孩子送到一所教会女子寄宿学校去，反正学校所在的城市离他家也不算太远。喜九九那时大约 9 岁了。她父亲经过一番考虑，最后决定将孩子送到寄宿学校。学校很高兴地接收了她。她发现那里有许多年龄不等的女伴。在那里她不仅学会做各种各样的家务活，而且还学会了如何缝制自己的衣服、读书、写字和记账。她是个聪明的小女孩，新东西学得很快，又有很好的记性。在春节放假或暑假回家时，她常常能为传教士表演她在学校所学到的赞美诗，深得传教士的欢喜。无知和迷信的旧生活似乎已远离她而去。

然而，尽管喜九九与别的孩子相比，聪明而且学东西很快，但天性不是一个十分活跃的孩子。她喜欢自己一人坐着，双手紧握在胸前任思绪漫游。她并不关心每日的常规工作和课程，也不理会时间的流逝。看来她的自然性格完全受周围的环境和所接触的伙伴影响。如果受到良好的影响，她就会成为一个好孩子。但是，在面临各种困难时，她能经得住考验吗？她会不会因软弱而不能为真理而战？

在喜九九满 13 岁那年，有一天，学校里来了一个报信人，告诉她一个消息：与她定亲的那个男孩死了。喜九九除了那个男孩的名字外，其他情况知之甚少。但她的老师却惊奇地发现，她陷入了极度的悲伤之中，而且大哭了几个小时。不久她们发现，她的悲伤并不是为了那个男孩的死亡，而是与此相关的其他信息。原来，她的父亲迫不及待地又把她与另一个男孩定亲，而对方家里经营着一家鸦片馆。他们愿意出大价钱来娶像喜九九这样的聪明女孩，同时也同意为她父亲提供生活费用。在中国，尽管人们对经营鸦片生意没什么好印象，但喜九九的父亲很难抵挡得住如此丰厚的诱惑。喜九九却深感耻辱。她能想象得出，如果父亲的计划得以实现，自己会过什么样的悲惨生活。过了不久，她父亲来学校看她。她苦苦央求父亲推迟完婚日子。尽管双方家庭已经互换了定亲帖，也摆了定亲宴，但她父亲保证，他绝不会不顾女儿的意愿与那家敲定婚约。他希望女儿不要为此担忧。

除了喜九九外，没人相信她父亲的保证，因为大家都了解在中国定亲意味着什么。不久，人们发现，他们两家之间果然大闹过一场。开鸦片馆的林家发现喜九九父亲的生活过于奢侈，因此想取消婚约中给他提供生活费的条款。双方争执不下，这种未定状况延续了一段时间。喜九九的父亲急着给她另寻一门亲事，决定去找林家友好解决两家之间的问题。他提出，既然林家不愿意完全履行婚约，只要他们愿意退回定亲帖，他愿意补偿定亲宴的花销。但是林家拒绝与他达成任何协议，因为他们希望通过拖延最终获得最大好处。在这一年的来回折腾中，喜九九好似比以前成熟了许多。有一天，她还要求参加基督徒的灵餐会。

喜九九如今的年龄足可以当一名老师。她父亲也已经明白，利用女儿定亲赚一大笔钱的计划行不通，于是同意她在学校再待上三年，条件是她工作所赚的微薄薪水必须交给他使用。但实际上林家从未放弃最终得到喜九九的希望。

有一天，一个老头来到学校。看起来，他是一路风尘仆仆、急急忙忙赶来的。他给喜九九带来了一个坏消息。他说，喜九九的父亲已经奄奄一息，临死前想见女儿最后一面。她必须马上准备好，与他一起回家。这个老头的行为有些蹊跷，喜九九感到害怕，不愿与他一起回去。后来证明她这样做是对的，因为人们发现，这个老头是林家花钱所雇，专门来骗喜九九离开学校，把她带到林家。

没过多久，喜九九的父亲果真病重，突然去世了。林家觉得，这下这门婚事已是铁板钉钉，因为他们轻而易举就能打消喜九九对这门亲事的反感。年迈的林太太亲自来到学校，天花乱坠地给喜九九吹嘘了一番嫁到林家后可以享受到的荣华富贵：她可以有数不清的漂亮衣服，有许多丫鬟仆人伺候她。说这些话时，老太太用极为蔑视的眼光打量着喜九九身穿的蓝色棉布校服。但是喜九九态度坚决，拒绝了老太太提出的所有条件，因为她明白，在一个靠鸦片赚钱的家中，不可能有什么和平与幸福可言。

一年多过去了。喜九九的基督教朋友都替她高兴，以为她的麻烦已经过去大部分了。的确，在这一年多中，林家不断地给喜九九送来密信。由于送信的方法多种多样，有时很难察觉出来，但喜九九总是把所有信息吐露给她的老师。她的老师也希望林家对她的耐心已经耗尽。然而有一天林老太太又一次来到学校，还带来了几个喜九九以往要好的朋友。这个老太太又一次给她描绘了一番日后荣华富贵的舒适生活。不知道喜九九是不是已经厌倦了单调的学校生活，情愿也好，不情愿也好，总之想彻底改变一下她的生活环境？我只知道在这强大的诱惑之下，在最后一刻，她的朋友们都以为她将又一次获胜时，她却突然承认自己知道并同意了这门婚事。接着林老太太又带着她闪电般地去了衙门，让她重申自己知道并同意这门婚事。

就这样，喜九九脱下了朴素的校服，穿上了绫罗绸缎，坐着轿子离开了学校。

可怜的喜九九！准确地说，悲九九！毫无疑问，在那以后，她常常悔恨自己在最后关头屈服于强大的诱惑。一个充满希望的生命从此枯萎凋落。我们只能祈祷圣主，使她能身陷罪恶但不成为罪恶一分子。不久前，在一个安静的礼拜日下午，在我前面提到过的那个中国小镇的基督教堂的众教徒中，出现了一个姑娘，疲惫不堪，满脸忧伤。她就是喜九九，由一个同伴陪同，费尽周折来聆听她曾经最喜欢听的福音布道。但是，在学校的那段幸福日子已经永远离她而去。有时候，苦难是我们自己帮助造成的。喜九九是否能通过自我探索，发现“神是我们的避难所，是我们的力量，是我们在患难中随时的帮助”的真理呢？让我们祈祷她一定能，因为只有祈祷才会有希望。

第五章 春娥，一株凋谢的花朵

直到现在，我只要一闭上眼睛，就能清晰地看见她的面孔。那是一张温柔可爱的小脸，带着一丝迷人的微笑。她乌黑的头发梳成一条又长又粗的辫子，垂在身后。她的头发上常常别着一些色彩艳丽的香花，脸上按中国人的习惯敷着白色的香粉，嘴唇上稍稍抹了些深红色的胭脂。她是家里的独生女。由于家境较好，春娥的父母把女儿看得很重，相对于其他中国父母对女孩的轻视，他们对春娥的宠爱更多一些。她的父亲是个基督徒，特别注重她的教育，所以同意女儿不时地来我们学校听讲。她身体柔弱，在教室中的座位常常是空着的。每当走进她的教室，没有看到她那灿烂笑容和那双总是满怀信任地伸到我手中的小手时，我总会问她班上的老师："春娥上哪儿去了？"

"病了，"我常常得到这样的回答。尽管她的身体算不上强壮，但她的那双小脚从未像其他女孩那样，被长长的棉绷带裹成畸形，在这一点上，春娥的确要比她所认识的中国女孩幸运得多。她的父亲认为缠足是愚蠢的陋习，绝不愿自己的女儿去干这种傻事。这样一来，春娥就能像英国女孩一样东奔西跑，非常活泼，但也遭到了邻里孩子的嘲笑。她们指着她那双未经缠裹的脚大笑，说那是女孩之中最难看的一双脚，就跟男孩的脚一样。但我觉得她们也常常会有些羡慕她，尤其是看到她能够如此灵活地来回奔跑。

随着时间的推移，我们不断地希望春娥能长得更结实一些。她很少得到小图画书或英国画片之类的小奖品，因为这些奖品只有能正确背诵《圣经》章节和赞美诗的孩子才能得到。但她认真听讲，刻苦学习，只要得到老师的一点赞许，就感到无比幸福。然而，不幸最终还是降临到了小春娥头上。她的父亲突然去世。丧期过后，邻里的妇女纷纷登门看望春娥的母亲，并提醒她作为母亲应尽的责任。她们一致认为，春娥的母亲惯坏了自己的孩子，并用活灵活现的语言为春娥描绘了一幅可悲的前途。

“让女孩子有这样的一双大脚，就是乞丐也会害臊的！”

“哎！这双大脚会毁了任何姑娘的前途。有这双脚，这个女孩只能当丫鬟了。”

这就是所有这些闲言碎语中一致的结论。不幸的是，春娥的母亲又是一个不能忍受邻居讽刺挖苦的人，何况她认为，她们所说的未必没有道理。但她又认为，不给孩子缠足是她丈夫的主张，人们一味地谴责她服从死去的丈夫的意志，实在有些过分。她说：“如果孩子还小的时候，让她缠脚，所有的事情就都解决了。但现在，恐怕已经太晚了，她今年都12岁了。她的脚已经长大，现在要她缠脚会很疼。她身体那么瘦弱，恐怕会吃不消。”

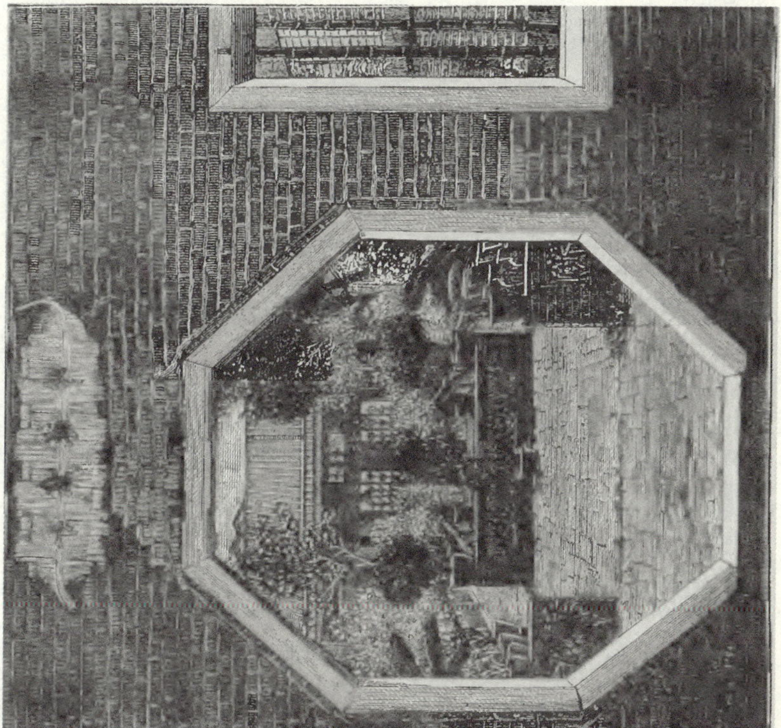

中国式庭院与花园

“尽胡说些什么，”她的邻居回答，“我们从来没听说，哪个缠脚的会伤她们的身体。这只不过是不负责任的母亲找借口罢了。”

春娥的母亲本来就意志比较脆弱，没有什么主见，邻居的话使她越来越不知所措。最后，她再也忍受不了朋友的批评，于是找来长长的棉绷带，开始给自己的女儿缠脚，希望把她的脚缠得能像中国流行的小脚一样小巧。由于缠足的最佳时机已过，春娥要忍受异乎寻常的疼痛。春娥是个不叫苦不叫疼的姑娘，她咬着牙坚持下来，但人们时常能听见她自己一人躲在房子的角落中偷偷地哭泣。每当我去学校的时候，没看见她灿烂的小脸，便向她的老师询问，但得到的回答和过去一样：她病了，没来上学。

这一年夏天，天气比以往任何夏天都要闷热难忍，就连当地人也已受不了。再加上疟疾蔓延，我们都病倒了，只好暂时离开了这个城市。回来后，我问起春娥，但只听到一个悲惨的故事。

可怜的春娥，缠足造成的疼痛持续不减，耗尽了这小姑娘的所有体力。因高烧病倒后，她已无法恢复体力，一天比一天衰弱。到了 8 月的一个晚上，她的生命终于走向尽头。

“去叫我的老师来，为我祈祷。”春娥说。当教会学校那位善良的女基督徒到来，跪在春娥的床边时，她发现屋子里挤满了人，不仅有哀伤的朋友，也有一些好奇的邻居。这位老师情真意切地为这位小小的受难者向救世主耶稣作临终祈祷。春娥那意志软弱的可怜母亲站在床边痛苦地哭泣。

“别哭，妈妈。”小春娥说，“我一点儿也不害怕！我将会很幸福的，你干嘛要哭呢？”

那些挤进屋的异教徒邻居们面面相觑。“这孩子说的是什么呀？她说的是什么意思？”

“她说她不害怕。她很高兴去死。这些基督徒真让人想不明白！”

那天晚上，人们回到自己家的时候，小春娥只身躺在床上如睡着一般死去。她的小小灵魂飘向了耶稣的家乡，正如她自己说的那样，“非常幸福”。

至于那些对春娥临死不惧而疑惑不解的中国妇女们，我们能做什么呢？我们只能祈祷，希望她们有朝一日也能亲自去寻求救赎的真谛，因为获得了它就如获得了神奇的宝物，任何对死亡的恐惧都会烟消云散。正如耶稣所言：“我就是复活，就是生命。凡相信我的人，虽死犹生。”

中国棋手

第六章 杨健堂——医生的苗子

20 多年前，伦敦传教会的两位成员，杨格非先生和同伴威尔逊先生（Robert Wilson）从上海港出发，沿着扬子江溯流而上，开始了长达 600 英里的航程。连续数日，他们航行在黄色的扬子江上。江面如此宽阔，他们好似航行在一个巨大的内陆海上。极目远眺，只有黄黄的江水一片，难以见到江岸。不久，他们来到了南京城，中国历史上的皇都，因其宏伟的瓷塔[①]而闻名，可惜的是瓷塔已在太平军（也被称为长毛叛匪）的烧杀抢掠中被毁。在随后的行程中，他们路过了许多已成为废墟的城镇，经过了陡峭的庐山，然后进入了鄱阳湖。最后，经过了 12 天的旅程，他们到达了被誉为帝国心脏、中国人引以为豪的武汉三镇。

在这儿，江面宽度达 1 英里多，汉口市场就矗立在这浩瀚的江水边。这是一个巨大的商品集散地，许许多多的红茶

① 即大报恩寺琉璃塔。明代初年至清代前期，大报恩寺琉璃塔作为南京最具特色的标志性建筑物，被称为“天下第一塔”，更有“中国之大古董，永乐之大窑器”之誉，是当时中外人士游历金陵的必到之处。

从这里直接运往英国。5年前，这个城市被叛匪夷为平地，但如今又从废墟上重新建起，其繁荣程度不亚于当年。岸边更远处矗立着武昌的各衙门和佛塔。武昌作为省府，是中国文化的伟大中心之一。在其灰色的古城墙里有能够容纳上万考生的科考试院①。面积稍小的汉阳镇就在附近。对这两个远途新来的传教士来说，武汉三镇将是他们辛勤耕耘、施展抱负的巨大场所。看着繁忙的大街上熙熙攘攘的人群，他们热切地期望着把福音传给他们，照亮他们的生活，为他们的生活带来希望。

两位传教士决定事不宜迟，立即着手干起来。还未到年底，他们已在人口密集的汉口市中心找到了居所，在两户中国人家中安顿下来。无论在大街上还是自己的住所中，他们都不断地向人们散发经义讲解册，日复一日地布道。辛勤的劳动很快得到了圣主丰收的祝福。他们到达汉口仅仅十来个月，就尝到了为12个皈依者施洗的喜悦。这些皈依者发誓只信耶稣以获救赎。其中有一个姓杨的教书先生，几乎每个礼拜天都来教会参加活动，但也有好几年，他的妻子坚决反对他的新信仰，千方百计阻止他带着儿子来参加教会活动。通常，杨先生在争执中占上风，所以我们能经常在教会看见他那聪颖的儿子，名叫健堂。小健堂坐在父亲的身旁，专心地

① 即武昌贡院，东沿得胜桥至戈甲营口，西从菊湾东街至黉巷，南抵青龙巷，北依凤凰山，今湖北省武昌实验中学和武汉幼儿师范学校乃其遗址。

听着传教士的每一句话。由于父母之间在信仰上存在着分歧，他更为迫切地想理解传教士所说的一切。他有些迷茫，不知道像他妈妈一样去烧香拜佛是否正确。另一方面，虽然健堂的幼小心灵里充满了对父亲崇拜的无形上帝的敬仰，但他不能确定，这是否是人们真正应该崇拜的对象。那些在邻居们口中流传的耶稣教的故事是那么恐怖，但信了这个教的父亲却对他越来越好，而且教堂中也并没有发生人们所说的那种可怕事情。

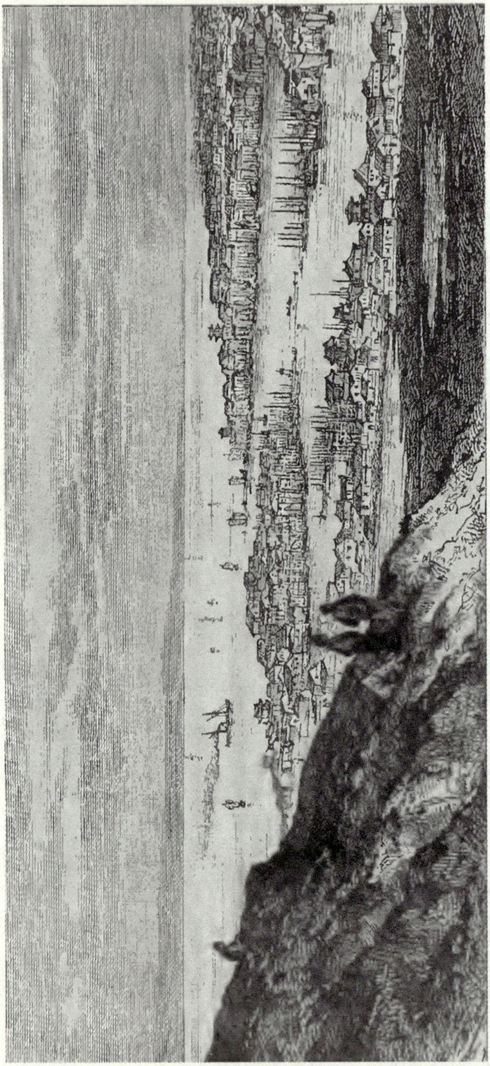

从汉阳山上眺望汉口

随着时间的推移，健堂的母亲最终也成了基督徒，礼拜天与全家一起来教堂做礼拜。健堂14岁那年，通过洗礼成了教会正式成员。他聪明、理解力强、人缘很好，交了很多朋友。他的中文学得一天比一天好，但是父母丝毫也没有忽视他的基督教教育。

1866年年底，我们决定在汉口开展与传教活动相关的医疗工作。我们修建了一家很不错的医院和药房[①]。那些瘸子、瞎子和中国医生的医术无法治愈的各种病人，潮水一般涌向我们的医院。不少人在这儿治好了病，高高兴兴地离开。见到如此神奇的医迹，像健堂这样聪明的孩子自然而然对医疗工作产生了浓厚兴趣。医院主事的医生对能干的健堂显然很满意，很乐意对他进行医务专职培训。此后数年，医院的主事医生换了好几任，但都没有中断对健堂的医务培训和指导。所有的医生都觉得他聪明好学，也都乐意施教。有一位医生还教了他一些英语。他们都认为，健堂在医务学习上成绩突出，日后完全可以主持汉口医院的工作。健堂年轻有为、医术精湛的名声很快在中国人中传开。许多本不愿让外国医生看病的人，现在因为他的缘故，也都迫切地来我们医院，希望得到他的指点和帮助。

---

① 即汉口仁济医院，1866年9月8日英国基督教新教伦敦会创办，位于汉口后花楼街。1926年，与英国基督教循道会创办的汉口普爱医院第二分院合并。1928年，合并后的新医院定名为汉口协和医院（Hankow Union Hospital）。

马根济大夫受命离开汉口前往天津开展医疗工作时，汉口医院的医疗工作很大一部分就落在了年轻的杨健堂的肩上。在天津，由于有中国最伟大的总督李鸿章的慷慨资助，马大夫的医疗工作取得了巨大成功。在汉口，健堂不仅事业蒸蒸日上，家庭生活也很美满。17 岁时，他娶了一个沈姓女子为妻。岳父是一位文学造诣很深的教书先生，也是汉口教会本地牧师的得力助手。健堂的妻子婚前已是基督徒。她漂亮、娴静、温文尔雅。他们的结合得到了包括英国人在内的众多朋友的祝福。婚礼原定在圣诞节举行，但当天早晨寒风呼啸，扬子江上波涛汹涌，武汉三镇之间的交通完全中断。牧师住在武昌，无法赶来，婚礼只能推迟到下一天举行。两年以后，这小两口得到了一个儿子。他们把儿子看作是上帝赐与的礼物，取名为“天礼”。如今，天礼已有了好几个弟弟妹妹。所有这些孩子都在圣主的关爱中成长，都对天上的父充满敬畏。

总督李鸿章

随着时间的推移，当地人越来越为健堂精湛的医术而自豪。省里的一些主要官员也开始对他另眼相看。他们想，如此年轻有为、前途无量的名医，为什么不让他在中国人自己办的医院里做顶梁柱呢？于是他们筹资募款，购置了房舍，邀请杨健堂来负责医院的筹建工作。经过一番考虑后，健堂同意了同胞的要求，但必须满足一个条件。他是一个基督徒，必须要体现他对基督教的敬仰。如果这个医院能够按照基督教的原则办事，每日进行祈祷和布道，他愿意接受这一职位。这与中国官员的初衷相差甚远。他们从未想过自己的医疗新实践要与基督教发生任何关系。但是，为了不失去杨大夫这样一个难得的人才和他能提供的宝贵服务，他们接受了这一很不合他们口味的条件。

新医院在 1880 年 9 月 27 日正式开业行医。开业仪式上专门举行了基督教奉献礼。此后，医院里每天都举行基督教的布道和讲经。该医院矗立在这个拥挤城市的一条繁忙的大街上。这是一座中国式建筑，完全由中国人投资，但在大门口旁边、向所有的过路人展示的牌子上，却写着这样几个金光闪闪的大字：“一切荣耀归于主”。

感谢上帝，造就了像杨大夫这样的辉煌生命，更感谢上帝给了这一生命如此大的影响力。这一影响力之大，完全非我们的能力所能企及。杨大夫不仅医术高明，也是一个很有口才的演说家。凡在教会聚会上听过他用极富表达力的语言进行演讲的人，都会在心中产生一个愿望：要是英国的基督徒也能听到他的演讲，感受到他雄辩的口才和热情，那有多好呀！

杨大夫的一个弟弟经过多年的学习，现在已经开始向他的同乡宣讲福音了。和哥哥一样，他也非常聪颖，少年时就因擅长汉字书法而小有名气。中国人常书写汉字，用于各种装饰。

他们把一些汉字写在丝轴缎卷上，成双成对挂在墙上。许多聪明的中国人在书写汉字时，能使每一个笔划都含有奇特的含义，就好似展现书写者头脑中想象的物体一般。这也是杨大夫弟弟的奇特本领。几年前的一天，那时他还是个孩子，他给我写了一个“信”字，正如本页图中出现的字一样。

“信仰”的中文表达

从这个字中，你可以发现，杨大夫的弟弟显然学过《圣经》的使徒书第六章“以弗所书”。他把这个“信”字的每一笔划都用来表现上帝所赐的盔甲，即圣保罗说过的每个基督徒都应穿戴的盔甲。在“信”字的左上方，你可以看见信仰的盾牌，在它下方，是圣灵的宝剑。拯救灵魂的头盔安放在真理的带子之上。在它们的下方是两只中国式的鞋子，意味着基督徒的脚随时准备着踏上传播和平的福音的征程。在这之下，你可以看到正义的胸甲的侧影。

苏格兰的一位先生见到这幅寓意深刻的字画后，非常喜欢。他把它彩绘在一块玻璃上，配上一幅漂亮的镜框，然后送到了中国。我最后一次拜访杨家时，看见这幅字画挂在他家的墙上。显然，他们小心翼翼地保存着这幅跨过千山万水的珍贵作品。

第七章　开奎——年轻的士兵

“有谁长得有她那么漂亮，那三寸金莲小得无与伦比！而且那么心灵手巧！看看她做的绣品！这么漂亮的针线活能赚多少钱呀！这么好的姑娘在等一个年轻当兵的，真可惜。毫无疑问，他早已死在战场上了。”这些就是亲戚和朋友给这个年轻姑娘的评价。她的名字叫“荷花”。几年以前她住在古城武昌。在她还是个小姑娘时，父母把她许配给了一个基督徒的儿子。那个男孩年纪不大时就被朝廷征兵入伍，与其他年轻士兵一起，被派到这个帝国的西北部，扩充那里的兵力，以镇压旷日持久的叛乱。家里人偶尔能收到他从远方的来信，告诉家中自己升迁的消息，但能马上返回家乡与亲朋团圆的可能性微乎其微。

中国人打起仗来很少有速战速决的。这个男孩所在部队参加的战斗更是久拖不决。士兵们在战役间隙甚至还有足够的时间来播种、翻地、收获庄稼。

一年过去了，不，应该是两年过去了，从这个年轻士兵处没有传来任何消息。朋友们都认定，许配给她的男孩早已战死沙场了。就连这个男孩守寡的母亲也放弃了与孩子重逢的希望。既然荷花不再可能有一个当兵的新郎，另择一门亲事成了她朋友们的当务之急。

中国的舆论推崇贞女。如果一个姑娘在定了亲的男孩死去后拒绝再与他人定亲，会得到很高的赞誉。如果她因此结束了自己的生命，她将得到人们最高的夸奖，成为烈女。这是中国大众眼里贞节的女子应该的作为。但事实上，即使有一些家庭因为出了烈女而倍感荣耀，但我觉得，总的说来，那些并不把荣誉和名声看得高于一切的人更多的是将此女子悄悄嫁到别家去。

荷花与大多数的中国女孩不同。她很有主见。在对此事深思熟虑后她得出了自己的结论。在她看来，自己既没有想离家重新定亲的愿望，也没觉得生活单调悲惨，到了非寻短见的地步。虽然对未来的丈夫知之甚少，但只要没有得到他确切死亡的消息，她绝不应该把道听途说当成确凿事实来处理。

荷花的想法使她的亲戚朋友无比恼火。她们早已准备好为荷花这样聪明能干的姑娘再寻一门亲事。如果她之前还未定过亲，家里人根本用不着征求她的意见，但考虑到舆论对定亲契约十分看重，重新定亲不征求姑娘的意见是不太可能的。家里所有的女性成员聚在一起，反反复复商议此事，但也无计可施，她们对这个姑娘真正感到失望了。但就在这时，一个春天的早晨，一直杳无音信的年轻士兵出现了，名副其实地“衣锦还乡”。也就是说，他真的是戴着象征着战功、带有顶珠、并插上一根漂亮的孔雀蓝翎的官帽回来的。

中国士兵

家人的困惑一下子变成了开心与欢乐。他们决定立即给这对年轻人成婚。新郎后来亲自告诉我们，他在军营中早已听说了未婚妻忠贞不贰的故事。说这番话时，他的脸上带着既自豪又满足的神情。婚礼按基督教仪式举行。经历过艰苦的营地和战场生活的年轻战士并没有忘记他早年受到的基督教诲，坚决不同意在他的婚礼中加入任何异教崇拜的仪式。这一决定使得他妻子的朋友非常不悦。她们担心如果在这么重要的场合不好好伺神候鬼，各种恶鬼和灾难就会接踵而至。我们参加了他们的婚宴，在礼节允许的情况下，尽量品尝了餐桌上中国节庆特有的各式佳肴。

婚后很长一段时间，年轻的新郎总会定期出现在教堂，坐在他固定的座位上。他的着装与教会氛围有点格格不入，但他做礼拜十分用心。他也常常来到我们的传道会，给我们讲述他在野外战场营地中碰到的各种奇闻怪事。他告诉我们，兵营里的士兵都知道他信基督教。有一天晚上，他被一伙穆斯林敌人活捉了。当他们知道开奎只信奉一个神，不在佛像前磕头，非常吃惊，就把他叫来询问。“我们也只信奉一个神。我们听说过耶稣的名字。”他们叫喊道，“我们不把你当敌人看。”这样，原准备对他进行的处决也立即取消了。

随着时间推移，夫妻俩迎来了第一个小宝宝的诞生。但是令他们万分失望，出生的是个女孩。年轻的父亲是个基督徒。他的妻子尽量去理解他的信仰，按他所说，沿着奔向天堂的路坚持走下去。理解也许容易，但要改变无数代人沿袭下来的固有观念和看法，则需要很长很长的时间。对于这个可怜的、不受欢迎的小陌生人的到来，年轻的妻子只能痛苦地流泪。

这时，开奎拿来《圣经》，翻到迦拉太书第三章。他朗读道："不分奴隶或自由人，男人或女人，在基督耶稣的生命里你们都成为一体了。"他用这些以及其他词句来安慰和鼓舞哭泣的妻子。

女儿渐渐地长大。这位年轻的父亲自豪地抱着女儿，时常沿着城墙边的绿色草坡玩耍，并仔细地记录女儿的生长情况，与我们小儿子的生长记录作比较。看见这一切，我发自内心地高兴。我觉得他已经把最初的失落感远远抛在了身后，用慈父发自内心的疼爱呵护着自己的小女儿。没过多久，这个小女儿迎来了一个小弟弟。像所有的中国男孩一样，这个小男孩受到了家庭成员的热烈欢迎。

然而，在现实生活中，完美的幸福，在中国如同在英国一样，不是常常能见到的。年轻的开奎和妻子一直以来靠着开奎当兵时的积蓄打发日子，很少为今后考虑过什么。开奎已经辞去了他在军营的工作，因为他不想再次无限期地离开家庭，远走他方。但不久他们就发现，开奎显然需要找到一份差事，才能支付家里的开销。好多人给他提出不少建议，最后经他的几个中国朋友推荐，他在汉口码头找了一份给外国人家庭服务的活儿。这份活儿赚得不少，而且离家也近，这都是开奎看中这份工作的原因。这样，我们的这位年轻士兵开始着手从事家务活。我想，大概英国人厨房中的各种稀奇古怪的事儿使得开奎大伤脑筋。他很快就发现，自己在军队所受的训练只能给他帮倒忙。干了没多久，他决定辞去这份根本不适合他的工作。

又过了一段时间，一个负责巡回布道的传教士需要一个中国人做帮手，开奎受雇陪着他一同前行。这种游荡的生活在很多方面倒是很适合开奎，尽管如果可能，他还是希望多在家里待着。又过了一段时间，他重操旧业，在官府衙门中当了一名护卫。从那以后，他常常因衙门里的差事被差遣到外地。即使他在家的时候，我们也很少能看见他来参加礼拜活动。我们的心感到沉甸甸的，带有一丝伤感。一个在兵营的艰苦生活中都能坚守信仰的汉子，在城市的各种诱惑下变得漫不经心，麻木不仁了。

我们也很少听到有关他的年轻妻子的消息。她那忠贞不贰的精神和温柔体贴的待人方式曾为她赢得过许多朋友。和她住在一起的亲戚说，女人不应该经常抛头露面，也许她也因此而不得不常居家中。

她是否还记得来教堂听过的那些教导和福音，我们不得而知。在中国，我们常常需要在黑暗中摸索，辛辛苦苦播下种子，但很少能有机会看到种子露出小芽，开花结果。有时候，传教士们感到疲惫难过之极，因为他们的辛勤工作产生的结果，比他们期待和渴望的要少许多。

远在英国的一颗颗童心应该常常挂念这些传教士，因为即使是孩子，只要向上帝祈祷，你们也能为远在中国的他们带去力量和快乐。每当我们播撒了福音的良种，却迟迟不见它们发芽结果时，我的脑海中就会出现一些诗句，以及《圣经》中的诸多美丽预言。让我把它们写下来送给你们吧：

天天我们劳作疲惫辛苦，
日日浪涛仍旧向前飞舞。
我们像珊瑚般蜿蜒前行，
却开辟了一条阳光大路。
战斗中我们虽不断受挫，
新生的力量却不断增补。
今日先驱者战斗的营地，
明日后继者休息的乐土。[①]

我们在中国从事的是上帝的工作。圣主曾说过，总有一天，“正像海洋充满了水，大地将充满对上主荣耀的认识”[②]。“诸王要在他面前下拜，万国要服事他。”[③] 所以，我们谁也不必感到灰心丧气。你们是不是也这么认为呢？

---

① 出自吉拉德·马西所写《今日与明日》一诗。吉拉德·马西（Gerald Massey，1828—1907），英国诗人，古埃及学学者。

② 《哈巴谷书》第三章十四节

③ 《诗篇》第七十二篇十一节

第八章　大姑与二姑——教书先生的两个女儿

众所周知，中国的文人对基督教很反感。传教士刚来到他们的国家，这些文人就极力鼓励社会最底层人们反对传教士。这些人聚成一群暴徒时，他们会把外国传教士赶走。他们常常向传教士扔石头，撕烂他们的衣服，烧毁或拆除他们所居住的房屋。有些传教士还不得不跳进江水逃命，或逃到旷野，或跑进衙门或县府避难，而愤怒的暴徒却大声地砸门，高喊着“打死外国鬼子!”还有许多中国的基督徒，因为选择了追随耶稣圣主而丧失了全部家产，有些人甚至因为不愿放弃对耶稣的信仰而丧失了自己的生命。

在中国，第一个为基督教新教而殉教的中国人名字叫“查”，是广东省博罗镇伦敦会教会的成员。他一开始从英国圣经公会（The British and Foreign Bible Society）的书商那里听到了一些有关福音的事，希望有更多的了解，便去了广州，听了理雅各博士和湛约翰先生的布道。他当时已是上了年纪之人。自从成了基督徒后，他生活的目的似乎只有一个，那就是将更多的人领向使他幸福的救世主。他辛勤的工作得到了神的祝福。就在一两年间，在一个外国传教士只能偶尔去访问的偏僻传教点，一座小教堂竟吸收了100多名基督信徒。

这样丰硕的成果不可能不引起我前面提到过的那些文人的反对。他们非常气愤，因为有那么多的人前来教堂，变成了耶稣的信徒。而这些信徒声称，他们信奉的耶稣要比孔圣人还要伟大。于是他们决定严惩那个最早信仰基督教的老人。

10月的一天晚上，一伙暴徒来到查家，把他带走了。他们把他带到一所房子里，绑起他的双手和双脚，吊在房梁上。整整一个晚上，查经受了无数痛苦的折磨。但是主耶稣始终在他的身旁，使得他所受的痛苦容易忍受一些。耶稣从来不会在其忠实的信徒受磨难时弃而不顾。在接下来的两天中，这些人一边拷打，一边侮辱这个可怜的老基督徒，逼着他与其主划清界限。但是查早已下定决心，有主帮助他，他绝不能这样做。到了第三天，他们把他拖到江边，见他仍然拒绝脱教，就将他处死，把尸体抛入江中。

可怜的老查！愤怒的暴徒叫喊着要他的血，要他的命，但是他视死如归，进入了我们圣主的欢乐家园。他经历了多么大的变化呀！

所以你们可以看到，使徒行传中描述的基督徒早期所受的磨难，如今在中国一而再再而三地反复重演，使《圣经》中的这一部分内容成为中国的基督徒经常学习的内容。你应该记得，在基督教早期的日子中，通常是那些聪明、有学问的文人首先仇恨并迫害基督徒，而在当今的中国也是如此。你肯定会认为，我们的传教士会非常高兴看见那些有学问的人来到我们的教堂，询问有关我们的信仰的诸多问题，然后过了不久就声称自己已成为耶稣的追随者，并要求进行洗礼！是的，我们的确很高兴，但同时也很担心这些人不是真正的基督徒，而只是想进入我们的教会，希望在传教士为自己或者为学校招收老师时，可以容易地得到这些位置。

在中国，文人多如过江之鲫，大概每个人都觉得当一个读书人比锄土挖地或者经商做买卖强得多。这些人中大多数都很聪明，但都很穷，所以谋求一官半职的心情颇为迫切。经常可以看到，一些文人自称已下定决心加入基督教，但却不明白心灵变化的真谛。他们以为，只需用基督的名字装饰自己，就可以成为一名基督徒。殊不知，要成为真正的基督徒，仅仅有外在的生活改变远远不够，更重要的是心灵深处的改变。如果我们怀着一颗朴实的心向基督靠拢，他自然会使我们从内心开始转变。这一点无论是在英国还是在中国，都是同样的。

那些口口声声宣称自己信仰基督，但所作所为处处违背基督教义的自作聪明者常常令传教士倍感失望，对他们的入教要求也格外谨慎，通常会考验很长一段时间，以免他们入教后反而玷污基督的名声。

我要给你们讲的故事是关于一位姓吴的教书先生和他的两个女儿的。1871 年夏，吴先生受洗成为一名基督徒。第二年，他的妻子和两个小女儿也在武昌加入了教会。两个女儿分别叫大姑和二姑。吴太太是个虔诚的基督徒。她让女儿在神的关爱下成长。但是吴先生，别人都称他吴老师，却是一个完全不同品性的人。别的基督徒在谈论跟随耶稣是如何幸福时，他不能明白他们说的是什么意思。他以为，只要不再崇拜偶像，不再在家中立祖宗牌位，每个礼拜天能按时做礼拜，就足够了。他曾经教自己的女儿读书写字，所以她们比大多数中国女孩的文化程度高。

吴太太的身体一向虚弱，受洗三年后，她患了重病。她很清楚自己的身体难以康复，便把女儿叫到床前，告诉她们，自己将不久于人世，但是她们一定要记住她所教的一切，永远紧跟耶稣，每日祈祷，把一切困难和痛苦向主耶稣倾诉。

不久，她便安眠于基督的怀抱。她去世后不久，吴先生开始考虑女儿的婚事。按中国的习惯，女儿的婚事已经拖得太迟了。家里没有儿子，他考虑是否应找一个倒插门的女婿，来代替儿子的角色。

在中国，常常有科举考试中一举及第的书生，公开宣称自己愿意做某个富有人家的上门女婿。吴先生就在下层军官中发现了一名年轻人，很适合做他未来的女婿。有关婚事的商谈传到了大女儿的耳里，她痛哭流涕，央求父亲放弃这门婚事，因为那个年轻人不是基督徒。女儿牢记着母亲生前的教导，只要有可能就经常去参加礼拜仪式。一个礼拜天早晨，牧师读到了《圣经》中的话“你们不要和不信神的人共负一轭”，并讲解道，如果基督徒不按照此教导去做，与烧香拜佛的人成婚，就不可能得到神的保佑。这个年轻姑娘十分悲痛地回到家中，恳求父亲让她留在家中，她不要结婚，因为她不想违背神的诫命。吴先生根本不听孩子的乞求。他说，女大当嫁，她早过了结婚的年龄。再说，他们认识的尚未定亲的基督徒男孩中，没有一个他看得上，愿意把女儿许配给他的。

于是，这门婚事就这样决定了。没过多久，婚礼举行。此后，我们再也没有见到这位年轻的妻子来参加教会活动，因为她的丈夫认为，女人常在外面抛头露面有失体统。一年中只有一两次，在去为母亲扫墓的时候，她可以顺便来教会。利用这种机会，我与她谈起了她母亲信奉的上帝，但家庭的强烈影响显而易见，她似乎对自己以往深深倾慕的话题已经麻木了。

她的妹妹二姑还能够不时地来做礼拜，并参加在伦敦会总堂举行的女子《圣经》研习班。我记得有一天下午，读经班的女士们举行了一个小小的祈祷会。祈祷会快要结束时，我听见二姑声音发颤地大声祈祷：她乞求神能改变她姐夫的心灵，使他也变成一个基督徒，同时祈祷姐姐自己要站稳脚跟，不要因为与一个异教徒结婚而迷失了方向。

与此同时，吴先生在生意上的计划渐趋明朗，决定与一个离武昌100英里远的人合伙经营棉花。起初，生意做得很不错，但到了后来，吴先生发现，他的生意伙伴很不公平，赔本的买卖都推给吴先生，有利可图的生意却独吞。吴先生自然非常气愤，一心要状告这位合伙人。但是向当地衙门起诉并不可能得到立竿见影的补偿，于是他想试一试通过英国传教士向英国领事馆起诉。但由于他的损失与他的基督徒身份毫无关系，牧师无法给他提供这方面的帮助。得知这一消息后，他很是气恼。看见这一计划落空，他宣称要寻求罗马天主教堂的帮助，而且声称罗马天主教的神父毫无疑问会给他巨大的支持。

可怜的吴先生！他对基督教的真正性质知之甚少。他的行为无疑会让人联想到耶稣生活在人间时的追随者们。那些人表面上追随耶稣，但内心只想着面包和鱼，企盼耶稣能成为世俗王国之主，给他们带来权力和影响。

随着日子一天天过去，我们开始担心，吴先生要为二姑安排婚事，我们也许再也看不见基督教女子乐队中二姑那张聪明、专心致志的脸孔了。后来，传来了二姑可能与本地牧师的儿子江水订婚的消息，我们才放下心来，为二姑由衷地高兴。我发现，与中国的传统习惯不同，这门亲事是二姑的朋友们建议并努力促成的。牧师自己一开始对这门婚事并不看好，因为他既不喜欢也不尊敬吴先生。但是这两个年轻人从小在一起玩，一起长大，彼此之间都有所了解。这与中国大多数包办婚姻的情况大不一样。不久，在男孩父亲举行的订婚宴上，这一婚事正式确定。

谈到这一婚事，老牧师对我说："二姑比我们的儿子年龄大了一点。要是她能年轻一些就更好了。她的父亲不是我们希望的那种人，但我们只能按照神的旨意去办事。虽然这不是我们的心愿，但二姑这姑娘从各方面来讲都是很合适的。"

就这样，在武昌的小教堂中，在朋友们的祝贺声和欢呼声中，这对年轻人正式结为夫妻。

这对年轻人的未来应该是美好的。目前，按照中国人的习惯，新媳妇住在婆家，而她的丈夫与婚前一样，在300英里以外的教会医院当助理，只能偶尔回家看看。二姑先前受到的基督教教育发挥了很大作用，她常常给负责武昌女子学校工作的婆婆提供不小的帮助。

第九章　水姑不再逃跑了

“她还太小，”牧师沉重地摇了摇头，说，“你把婚期往后推一段时间会不会更好？”

牧师是在回答一个请求，希望他那个星期能主持一个年仅 14 岁姑娘的婚礼。这个姑娘就是水姑。

水姑是我们教会执事的侄女。在我认识的中国女孩中，她是最野的一个。你不会想到用可爱或动人的字样形容她的脸，但她那小黑眼睛闪闪发光，面部总带着一股滑稽的表情，有时让我联想起斯托夫人小说中的小女孩托普西[①]。我从不知道她父母是做什么的，是否还活着，因为从我认识她那天起，就只看见她与叔叔一家住在一起。叔叔已经给她安排了一门亲事，那男孩正好也是他的被监护人。但是，他原计划并不是让他们在最近几年就成亲。

同时，水姑也学着做一些针线活赚一些钱，并帮助婶婶做一些家务活。有时，她也和亲戚一起，来女子班上课，但

---

① 哈里耶特·比彻·斯托夫人（Harriet Beecher Stowe）是著名小说《汤姆叔叔的小屋：卑贱者的生活》的作者。托普西是该小说中的一个黑人女孩。

她那双黑黑的小眼珠在屋子里乱转，除了对上课内容不感兴趣外，对屋子中每一件洋玩意或其他物件都好奇不已。她乱蓬蓬的头发与其他女士和女孩形成了鲜明的对比，因为她们来上课时总是把自己打扮得整整齐齐，漂漂亮亮的。

但是水姑狂放不羁的小小心灵里有一块柔软之地，那就是她的小弟弟，也就是她叔叔领养的一个小男孩。叔叔婶婶自己没有生育。水姑特别喜欢这个小男孩。每次，只要我在她家周围一出现，她就会飞快跑进屋，把小弟弟抱出来让我仔细观看。显然，她很看重弟弟，觉得他比自己重要得多。但水姑这孩子本性较为懒散。她喜欢玩耍而不喜欢工作。使她的亲戚非常恼火的是，只要批评她懒惰，她就会突然间失踪好几天。没人知道她躲到什么地方去了。人们四处寻找，但都不见她的踪影。但过了几天，一头乱蓬蓬黑发的水姑又会突然出现，站在门边向里面张望，然后就如什么事也没有发生一般，又安定下来好几个月。

水姑她自己好像并没有把这种恶作剧当回事儿，她叔叔一家则十分烦恼，感觉脸上无光。这样的失踪闹剧发生几次后，全家人聚在一起，商议如何来管教这个野女孩。

最后，众人一致认为，水姑必须马上结婚。只要把她变成了妻子，她就一定会老实得多。我不知道有谁听说过这样的方法，通过嫁人就能把一个狂野不羁的女孩改造成通情达理的淑女？

难怪牧师神情凝重，不断地摇头，因为把野性的小水姑变成已婚妇女的想法实在是太怪诞了，让人一时难以接受。

但水姑的亲戚朋友一致认为，这是医治水姑逃跑的唯一可行办法。他们已做出了决定，马上让她成婚，看来拒绝为她举行婚礼是不可能的了。

婚礼当天，水姑出现了，头上顶着中国新娘的传统大红盖头，头发是否还像以往那样蓬乱，无法看见。她与那朴实的乡村孩子般的新郎并排站在那里。如果这时她突然之间冲出屋去，消失在人们的视野外，我绝不会感到惊奇。好在这种灾难并没有发生。水姑一切都按照要求来做，婚礼圆满地结束。之后，水姑由两位在中国婚礼中充当女傧相的年长已婚妇女陪同，走出教堂，回到叔叔家专为她装点一新的新房。他家的主屋已经收拾停当，用于举行婚宴。

中国式拖船

从那以后，我很长时间都没见到过水姑。后来再见到她时，我无法推测发生了什么事，但水姑完完全全变了一个人。她的头发像当地妇女一样向身后梳去，前额的短发按照中国的传统已经全部拔去，显得前额出奇宽大。她有生以来第一次那么整洁，端庄而娴静，全然没有了以往的那种野性与不羁之气。“看来你给水姑举行婚礼是做对了。”我对牧师说。“是吗？你这么认为？嗯，我希望也是这样。”牧师回答，但脸上仍然带着一点凝重的神情。

第十章　决不拜佛——张福的故事

我们的布道堂也被称为“喜信堂”，位于武昌城繁华的大街上。每个周日该教堂都开门，外国教士和本地牧师每次都要连续工作几个小时，为人们布道和解答问题。那些来听布道的人起初只是站在门口向里面张望，后来便走了进来，找个位子坐下，看看这些奇怪的外国人和他们来中国想传播的宗教到底是什么。

在他们之中，你也许会看见一个农民，身边放着一个背篓，里面满满装着他在城里买的东西。他的旁边也许坐着一个小商贩，他那满装着布条布带的箱子放在靠门很近的地方。离他们不远处是一群苦力。他们或是在这里已经待了一段时间，等着别人来雇佣，或是刚刚抬完轿子，现在休息一下。他们之中有些人看起来睡意朦胧，非常疲倦，根本没注意牧师在讲什么，而另外一些人正在纳闷，到底什么原因使得这些外国人大老远跑到他们的国家来。

这时教堂内走进一群年轻人，身穿彩色绸缎长袍，鼻梁上架着宽宽的玳瑁壳眼镜，一副咄咄逼人的样子。他们大踏步走进教堂，不时向四处观望，并且说，他们有问题要讨教一下这儿的洋教士。

“如果此教义果真那么好，”他们之中的一人问道，“为何在中国数百年内从来没人耳闻？如果这宗教果真值得人们信仰，毋庸置疑，耶稣应该出生在堂堂的中央大国，而非那无人知晓的偏僻小镇朱迪亚。”

这些人说话时通常就是这么趾高气扬。他们绝不能容忍听到有谁比中国古时候的圣人孔夫子还要伟大。孔夫子的确非常伟大和睿智，绝对应该受中国人的极度尊重。中国的文人学者所信奉的宗教就是以他的名字命名的（即“孔教”）。但是他无法向人们告知未来。他的弟子曾经向他请教过此事，他问答道：“我们对今生知之甚少，更不用说是未来。既然如此，没有必要去考虑未来。”①

几年前的一天下午，前来听我讲课的听众中有一个15岁的男孩，名叫张福。“张”是中国人的一个常用姓，就如同“史密斯”在英国人的名字中一样普遍。“福”的意思为“幸福”。

这个孩子坐在那里一动也不动，认真地听着传教士详细解答会众提出的诸多问题。最后，人们三三两两地走了，教堂中只剩下了小张福一人。他留下来，是因为本地牧师的儿子请他去他们家坐坐，喝喝茶。牧师的儿子和张福年龄相仿。他的邀请给张福日后的好日子开了个好头。从此以后，张福

① 此处作者应该是指《论语·先进》中的一段对话。“季路问事鬼神。子曰：‘未能事人，焉能事鬼？’‘敢问死。’曰：‘未知生，焉知死？’”

成了牧师家的常客。张福虽然年纪不大，但在偌大的城市里却是孤零零一人。他的母亲几年来一直在一位衙门官员家当保姆。这位官员一家经常离开这个城市，去外省的大宅里待一段时间。在此期间，张福的母亲只能把他寄养在一个朋友家里，由他们为张福提供生活上的照顾。

张福首次来到喜信堂后数月，他母亲回到了汉口。她一回来，就着手为张福在另一位官员的府上谋了一份差事。张福要做的就是如同一个听差般服侍那家的女主人。按照中国人的看法，这个女主人是位最虔诚的佛教徒。她的朋友都认为，她已经积了那么多阴德，在下次转世投胎时，一定会变成一个男人。每个月有许多天，她除了白饭和蔬菜外，什么也不吃。每天清晨天刚破晓她就起床，在自己卧房的精美小佛龛中的小佛像前焚一炷香。女主人进行这些朝拜活动时，张福的任务就是帮助她点燃香柱，并点燃佛龛旁的蜡烛。由于张福经常出入传教士的家，他知道人们应该崇拜的真神只有一个，那就是基督教中的有血有肉的上帝。崇拜人们手工制造出来的佛像是对真神的最大不恭。张福常常思考这些问题，心里非常闷闷不乐。他知道，如果他要保住这份工作，就必须要帮助官太太去烧香拜佛。如果他不服从这个官太太，他的妈妈必定会很生气。但是，如果继续这样做，他更害怕不听真神教导的后果。他该怎么办呢？

所以有一天，他从官太太家跑了出来，跑到教堂，来向他的年轻朋友江水寻求帮助。他向江水倾诉了他所有的纠结，请江水务必求他父亲想想办法，为他找到一份差事，这样他就可以不必再去帮助拜佛了。江水的父亲就是包牧师。他听后非常为难。但既然张福已经铁了心，坚决不再回去干那份工作，包牧师觉得自己应该同情这孩子，帮他一把。于是他给张福安排了一个类似差役的工作，只管饭，不付工钱。就这样张福开始了在教堂的工作。在那里他学到了更多有关上帝的知识，更坚定了不去拜佛的决心。

就在这时，张福的母亲又回来了。她是刚给孩子安排好工作就随主人离开的。回来后，她问及自己孩子的状况，却被告知他已在喜信堂里当差很长时间了。母亲听后惊慌失措，邻居见状，又对孩子可能发生的可怕遭遇添油加醋地臆测了一番：

"他一定会变成一个外国佬。"

"他只要信了教，那帮野蛮人想要他做什么，他只好做什么。"

类似的猜测还有很多，使得张福的母亲更为忧心忡忡。

怀着惶恐不安的心情，张福的母亲来到牧师家，站在门外，怒不择言地声称牧师拐走了她的儿子，现在赶快交出来。同时她用各种能想到的难听词语来称呼基督教以及外国传教士。

牧师的妻子包夫人是个非常虔诚的中国基督教妇女。她来到门口，很友好客气地请张福的妈妈进屋坐坐，并告诉她，张福现在不在家，正好去外面做一件事。等他一回来，她就可以亲眼看到张福在这里受到的是怎样的待遇。这位可怜而焦急的母亲受到如此礼遇，颇感吃惊。她进屋等着，但显然无法掩盖盼望孩子回来的急切心情。中国母亲对来世的所有希望都寄托于唯一的儿子身上。理解了这一点后，你就能想象她当时忍受了何等的煎熬。

不一会儿，张福回来了。他告诉母亲他所学到的有关世上唯一真神的福音，并说他绝对不敢再去拜佛或帮助他人拜佛。他还告诉她，这些基督徒对他都很友好。他恳求妈妈能让他在教会继续待下去。那天晚上，这位可怜的母亲心里很不舒服地离开了牧师的家，但是牧师妻子那些友好和客气的话语使她稍稍放心了些。最后，她想，既然他们能善待儿子，那就先暂时让他在那儿待一段时间再说。几个月后，在张福的真诚要求下，他与他的年轻朋友，即传教士的儿子江水一起，接受洗礼成为教会的正式成员。

教会的成员常常每月捐献一小部分钱，用于资助那些与教会有关但十分贫困或生病的人，以帮助他们支付与参加礼拜相关的支出。张福当时只是一个小差役，但他总是非常积极地捐出自己的那部分。除了伙食之外，他每月只能赚600文小钱，还不足英国的半个克朗，但他却积极按每月300文钱应捐。教会的执事觉得这笔钱大大超出了他的经济能力，决不同意从他那里接受这么多钱。最终，张福只得减少捐助金额，并对此深感失望。

随着时间的推移，张福的经济情况有所改善。他得到了一份不错的工作，每月收入上升到了大约有英国一个几尼。不久前，听到武昌教堂要进行翻修，他为此捐了足足8个先令。

我可以很高兴地告诉你们，张福的所作所为能够让他信奉的主感到满意，因为他是那么忠于职守。我也很希望能够告诉你们，他的母亲也成了一个基督徒，但我现在还不能这么说。一个礼拜天，我在教堂看到，参加礼拜仪式的妇女中有一张新面孔，我很高兴地得知，那就是张福的母亲。但从那以后，她又是很长时间不在汉口，而且我再也没有听到有关她的任何消息。

第十一章　江水——牧师的儿子

包廷璋在武昌的基督徒中享有很高的声望。早年时，他是颇为体面的商人，非常虔诚地崇拜其祖先自古以来就崇拜的各路神灵。后来他在汉口教堂第一次吟听了基督福音，被深深吸引。此后他一次又一次前来聆听布道，最终下决心成为耶稣的追随者，把自己的命运与那些受人鄙视的基督徒联系在一起。一段时间后，他被众教徒选为教会执事，而且一干就是多年。

1865 年，经历了多次否决之后，我们的传教士终于得到了进入武昌城的许可。湖北省的这些官员们一直千方百计阻止传教士进武昌城。他们认为，如果全省各地参加科举考试的考生来到武昌，看见外国传教士在城内生活和布道，马上就会以为，这些传教士得到了政府的批准和保护。官府显然绝不愿意看到这样的情景，所以想尽一切方法不让传教士进城。数年前，他们就曾将罗马天主教的传教士从城中赶出。其中有两位传教士被总督下令勒死。城墙外荒草丛生的山坡底部还留有他们的坟墓。曾经参与这一秘密行动的几个人还记得这个地点，并指给我们看。

应选担任城内新修教堂的牧师一职的人正是包廷璋。他的夫人是个很有个性的女人，曾经与包先生早年一样，非常虔诚地烧香拜佛。听说自己的丈夫成了一个基督徒，她感到十分愤怒，千方百计地来反对他。同时，她比以往更频繁更坚决地烧香拜佛，使得包先生伤透了脑筋。

他们夫妇有一个小儿子，才几岁，包太太对他爱如心肝。有一天孩子病了，而且病得很重。包太太请来了和尚。和尚得到一大笔赏金后同意在她生病的儿子屋中做道场，以救他的性命。这些和尚不停地念经、敲锣、焚香，但毫不奏效，他们的儿子还是死了。

可怜的母亲伤心至极。她对自己崇拜的假神完全丧失了信心。在一片迷茫之中，她急切地想了解基督教的教导究竟是什么。她告诉丈夫，自己也决心成为耶稣的追随者时，你可想象她的丈夫是多么的欢欣。

后来他们又生了一个儿子，取名为江水。他就是我要跟你们说的男孩。包太太对基督教的虔诚不亚于当年她对佛教的虔诚。她精心地教育孩子，让他跪在她身旁，反复祷告。那些祷告词与我们英国儿童做祷告所用的辞令相同，只不过用不同语言表达罢了。她衷心希望江水能积极向善成长，成为耶稣的追随者。有时候，连她的邻居都认为，她在教育孩子方面太过严厉。

江水长成了一个小伙子，虽不太强壮，但很聪明，很孝顺父母，自然也使父母倍感自豪，使所有朋友对他喜爱有加。我刚到中国的时候，他很喜欢到教会来玩，帮助我学习晦涩难懂的汉语。他常常把城里发生的事情讲给我听，凡是我不懂的地方，他都会耐心解释，见我对某些词句迷惑不解时，就停下来逐字逐句地重复讲解。

有一天，我们俩之间达成了一项协定。江水将一如既往、力所能及地帮助我，而我将教他英语。江水对此兴奋不已。一想到除了“再见”和“你好”，自己将学会说更多的英语单词，他充满期待。正好我手边有一本英语启蒙课本，所以我们说干就干。所有的英语词语的意思都由我口述出来，再由江水写成汉语，然后再写上发音，构成了单词表上的第三栏。不过，这些发音几乎也都是用汉字标出来的。

江水迫切地希望在学这门新语言中取得良好进步，所以不管刮风下雨，无论身体是否舒服，从没有缺过一次课。他常常被大雨浇成个落汤鸡，或穿过夏日闷热的街道而汗流如注。我答应给他的上课时间常常被延长。他背诵一长串生僻单词的记忆力实在是让人惊讶。一个如此用功的学生不可能不取得长足的进步。由于他还学了的每个单词如何书写，英语的书法也成了他学习的另一大收获。

随着孩子逐渐长大，江水的未来发展成了父母关心的话题。江水自己很想学习外国医学，因为他对英国医生治病救人的精湛医术印象很深，他父母以及大多数中国人对此也深有同感。负责汉口医院的马根济大夫很乐意担任起培训他的任务。与此同时，苏格兰教会在扬子江上游几百英里的宜昌城开始了传教工作。他们希望在那里建立一所医院和一个药房，以协助当地的传教工作。按照计划，一名外国医生不久就会到达宜昌。宜昌传教点的负责人郭布伦（Rev. G. Cockburn）先生很乐意让年轻的江水担任该医生的助理。为此马根济大夫继续培训江水。去宜昌赴任的外国医生路过汉口时，江水这个传教士的儿子就随他一起去往宜昌。

包太太十分舍不得自己的唯一孩子离开。为了他，她不知祈祷了多少回。但是，看见自己的孩子在这个世界上找到了自己的立足点，她和丈夫也都很高兴。而且这是一项十分神圣的工作，既能解除同胞的痛苦，同时也能传播福音，使同胞们知道，我们的救世主不仅能医治身体的疾病，而且能升华心灵和生活。

在我们众多的祈祷中，江水出发前往宜昌赴任。我们将他送向了一个新世界，一个远离自己以往好友的世界。他还只是一个孩子，从小到大一直受到精心的呵护。身处各种诱惑之中时，他还能立场坚定吗？他临行前对我们的真诚要求，使我们去除了所有的担忧："请你们千万不要忘了为我祈祷，让我永远忠诚于耶稣圣主。"

他凭借着基督精神，而不是单凭自己的力量前行。正因为如此，武昌的父母接连不断地收到指导他工作的先辈送来的好消息。郭布伦大夫和太太精心地照顾着江水，也乐意帮助他进一步提高英语水平。他的进步如此之大，不仅能很好地说英语，也能很好地用英语阅读和写作。几年前，外国大夫退休，江水在传教士们的指导下，已将宜昌医院的医务工作独立承担了起来。

不久前，江水在武昌与吴先生的小女儿二姑结婚。婚礼当天，天上下着雨和冰雹，但是在教堂里，在新郎父母的家中，人们都兴高采烈。众多的基督徒朋友参加了婚礼。教堂装饰一新，人们身穿五颜六色的节日盛装，使得平日里非常朴素的教堂建筑熠熠生辉。但愿众多朋友的良好祝愿和真诚祈祷，能让这小两口的生活幸福美满，让他们的前途晴空万里，一片坦途。

江水还在宜昌继续他医疗传教工作。今年7月，我收到了他寄自宜昌的一封来信，是用英语写的。我想你们也许也想读一下，所以我将这封信的一部分刊登在此：

我和郭布伦先生一起继续管理这家药房。每天都有很多病人前来。从今年年初开始算，病人已达到了6000多人。在宜昌，我们的主日学校很受欢迎。每个礼拜天，有30多个学生来这里上课。我们教《新约》和《教义问答手册》，让他们每个星期天都要背诵一首赞美诗。中法之战对宜昌这里影响不大，但这里的人们急迫地想参战。我希望中法之间不久会达成和平。

我不断地恳求我们的圣主保佑你们大家，帮助你们尽快地返回武昌为神效劳。我希望神能保佑你们平安。

此致

您忠实的朋友

包江水

第十二章　官家三姐妹

武昌城的一条主街上矗立着一幢官宅，四周是高高的围墙。在英国人眼里，中国官员的这种住宅更像一座监狱，而不是居家之所。如果被允许进入，你会看见我常常看见过的景象：一座精心装饰的庭院，院中到处都是芳香的美丽花朵，荷花池缸以及各种奇石构成的拱门。在所有房屋后面你会看见家中女眷就寝的闺房。

这个家中有三个年轻姐妹。她们的父母几年前已去世，现在照顾她们的是一些女性亲戚和她们的哥哥。

她们三人的大部分时间都是在刺绣中度过的。哥哥所穿的华贵大袍上的精美绣花图案都出自她们灵巧的双手。长时间地干活身体疲劳的时候，她们就一起打牌。对她们来说，最好的消遣方式是听那些老年妇女闲聊。这些老年妇女据说是来卖花、卖粉脂或其他一些小杂货的。她们特别受欢迎，因为她们时常带来外面世界发生的各种奇闻逸事。最近，一个当媒婆的老太太来造访过几次，此后家里年长的一些妇女就经常凑在一起，窃窃私语，激动地在谈论着什么。

当然，总有一天，她们会被嫁出去，离开这个家。她们多么希望三人能一块儿走，但她们知道这是不可能的。几年前三姐妹就已经被定了亲，但三人中没有一个人知道自己将要被嫁到一个什么样的家庭去。这在你们看来当然很奇怪。这三姐妹中最大的今年16岁，最小的才13岁。来她们家的一个老太太能识字。听她读故事是件很有趣的事。姑娘们常常沉醉于所听到的故事之中。故事中的那些聪明伶俐的年轻淑女，不仅会阅读、写诗、作赋，而且还经历过各种冒险奇遇。但是这样的奇人奇事在她们的现实生活中闻所未闻，从来没有发生过。三姐妹常常希望会出现什么新奇的事件，打破她们单调乏味的生活。

中国式庭院

平静乏味的生活被打破的这一天终于来到了。经过一再追问，她们一直迷惑不解的问题终于有了答案。原来，三姐妹中大姐、二姐的婚礼早已做了安排。那为什么她们从来没有听到过？三个姑娘异口同声地问。慢慢地她们了解了事情的真相，明白了为什么结婚日期要到了，家里却没有什么欢庆的气氛。原来，自从她们年幼时被父亲许配给两家邻居的儿子以后，情况发生了很大的变化。大姐被许配的那家的小男孩在定亲后不久就得了重病。有人说，订的这门亲事给他带来了厄运。无论什么原因，这个男孩的头开始向下耷拉，身体开始消瘦，而现在他身体发育不全，体格萎缩，完全成了一个白痴。那么，二姐的命运又如何呢？这个可怜的姑娘如做梦一般听了她今后出路的消息。听完后，她觉得自己的命运将和姐姐一样悲惨。她被许配的那个家庭已经非常破落。以往所有的舒适和兴旺痕迹都荡然无存。也就是说，她今后的生活将一落千丈，贫困交加。

“那么，妹妹的前途会是如何？”她们问道。即使乌云笼罩，她们也没有忘却亲密的姊妹之情。正是这种手足情把她们与紧紧依恋着她们的小妹妹联系在一起。

“哦，她会幸福的。她要去的家庭兴旺富有。他们的儿子十分聪明。”

那天晚上，在她们自己的闺房里，这几个刚刚过了孩子年龄的姑娘相拥着，为她们将要面临的悲惨命运共同哭泣。她们该怎么办啊？怎样才能逃脱这厄运呢？也许她们的哥哥能有本事，能阻止这种婚姻发生。如果不行的话……大姐在二姐耳朵边悄悄地说了些什么，说完两人似乎都好受了一些，平静下来，慢慢入睡。第二天，她们向哥哥求情，没有得到任何效果。相反，做哥哥的非常生气，认为她们对自己的未来不应该知道得那么多。但有一点她们应该清楚，那就是没人能取消婚约。他像他的妹妹们一样感到难过，但他只能让她们忍受，因为这是她们的命。可怜的孩子们！她们一直希望有什么事儿发生，来打破自己单调的生活，现在这种事儿果真来了。年长的女亲戚们互相窃窃私语，认为姑娘们的悲伤之情很快就会过去。不错，刚开始时她们自然会觉得非常悲惨，但很快就会越来越能忍受，因为在这个世界上没有哪个女人会是多么幸福的。

长长的一天终于过去，夜色又降临了。如果这时去这三个姊妹的房间看一下，你会吃惊地发现，大姐二姐都穿上了最漂亮的衣服，戴上了她们最精美的头饰。难道她们是在试穿婚礼上要穿的华丽婚纱？可是她们脸上的表情却是那样的凝重和悲伤。小妹妹也好似在央求姐姐们让她做什么事，而一开始她遭到了姐姐们的拒绝。然后小妹妹悲伤地大哭起来，细小的胳膊紧紧地搂住姐姐，好像不愿与她们分离。“也只好这样了，反正也不可能比这更糟糕了。”大姐悄声自语道：“至少这样我们会永远在一起。”说着，她把手中捏着的黑色小丸样的东西分别给了她两个妹妹。“我们为何有这般命运，没人知道，也没人告诉我们。我希望我们能知道，但真的没人知道。”说完这些话后，三个姐妹都睡了过去。

东方初升的朝阳将第一抹阳光洒向这寂静的城市。阳光穿过精心雕刻的窗框上破裂的窗户纸，照在三个姐妹年轻的脸上。这三个姐妹静静地躺在那里，脸色苍白，轮廓分明，就如同三具大理石刻出来的雕像。阳光照耀在姑娘们为拥抱死亡而穿上的华丽绸缎大袍上，泛起金闪闪的美丽光芒，却无法唤醒这三个沉睡的姑娘。她们对现世人生的欢乐与悲伤体验得还那么少，对来生所需的各种准备更是一无所知，就早早地放弃了自己的生命。

不一会儿，庭院里回响起受雇的哭丧户尖声的嚎啕，夹杂着那些为家中遭到巨大损失而悲痛的哭泣声。一些送信的人被派了出去，请郎中来看看这些孩子是不是还能够救活。外国传教士也被请来帮忙。这些从西方来的奇怪的外国人能做出一些了不起的事情，现在正是让他们来大显身手的好时机。

传教士面前是一番何等悲怆的景象。他站在被死亡笼罩的屋子中，思考着本可能出现的情况和实际出现的景象：她们本可以受到教育，善待生命，关爱生命，正确对待生命中的困境，遵循我们的上天之父的指引，最终进入天堂之家的！

然而，在中国的家庭中，还有很多很多女孩像三姐妹那样，生活中没有欢乐与光明，有时候只有压倒一切的悲惨和绝望。世上只有一样东西能照亮这些中国家庭，只有一种希望能让缺乏关爱的痛苦生活值得活下去，那就是耶稣的爱，就是上帝的福音。我们衷心希望，通过你们的援助之手，我们能把上帝的爱与福音传播到那些遭受痛苦的中国家庭。

第十三章　尾声

在拿起笔写有关中国孩子的这本书的最后一章时，我的面前摆着一封从中国寄来的信。也许你会觉得这封信的样子很怪。信纸是一种薄薄的微带黄色的纸，从上至下都印着粉红的花朵和人物图案。这封信是一名中国的基督徒写给我的，但传达的却是给所有阅读此书的男孩和女孩的信息，即感恩的信息，祈祷的信息。这是一封感恩信，描述写信人幸福而感恩的心情，因为传教士去了他的国家，让他知道了耶稣，使他因信仰耶稣而感到无限幸福。这同时也是一封真诚的请求信，祈愿我们可以做得更多，使生活在中国那片大地上的成千上万的人知晓我们的救世主。正是他以自己的死换来了世人的生。

在你们看到这本书时，我将重返中国。我是否能为中国的基督徒们加油鼓劲，告诉他们，有许多的英国孩子在想着他们，在替他们祈祷，在为多送一些好书和传教士去中国而尽自己的绵薄之力？如能这样，那将是对我刚才提及的那封信的一个最好答复。

一年多以前，在我准备离开中国时，一名中国的基督徒对我说：“我也许不可能给你写信送到遥远的英国，但每天我会向上天祈祷，给你送去我的祝福。”

是的，我觉得这是一种最好的信件。虽然你们不可能回复我刚才谈及的那封中国来信，但在英国，在宁静的家园中，你们可以不断地为我书中谈到的那些中国孩子真诚祈祷，祈愿他们能受到教育，热爱我们的救世主。我们的主会把他的手放在那些儿童的头上，说：“让那些受苦的小孩子都到我这里来吧，千万不要阻挡他们。”

有一天，一位女士与我谈到在中国传教的问题。她对我说：“我每天都一直不断地在为中国人民祈祷。但我觉得，我不能只停留在祈祷上，我必须为推进这一传教工作做一些事情。”

读了这本书的孩子们是否也会有那位女士的想法呢？我知道一些英国的男孩和女孩确实是这样想的。我回到英国后遇见过这些孩子。有的说：“我长大了也要当一个传教士。”也有的说：“我长大后要去中国，让那里的孩子了解基督。”

我这里珍藏着一叠来信。这些信都是和送给中国孩子的礼物一起寄给我的。这些礼物中有许多是图片和插图杂志。还有一些漂亮的剪贴簿和相册。可以看得出，不少礼物是孩子们自己的心爱之物。一个小朋友在信中写道：“我们要为耶稣和中国的儿童做些事。”另一个小朋友说：“我觉得我必须给中国儿童送一些东西。请收下这几本剪贴簿和图片吧。我希望这些礼物能为中国儿童带来欢乐，让他们感兴趣，这样就可以帮助你的工作，让他们都热爱耶稣。”

送书送图片当然是一个帮助我们教育中国男孩和女孩的

好方法。但除此之外，还有很多其他方法。例如，我们现在很需要钱来派出更多的传教士。有时，一些男士和女士都愿意去中国，教育中国儿童，但是因为没有路费而无法成行。在中国，还有许多比我们英国还大的省份没有传教士，或者只有一名或者两名。想一想，如果我们整个英国只有一名牧师，能有机会亲自听他布道的男孩和女孩该会多么少。但这就是中国的现实情况。很多人从来没有听说过耶稣的名字。他们问我："耶稣是不是一个外国皇帝？你见过他吗？"

再想一下我对你们说过的面目狰狞的异教偶像。中国孩子很小的时候就被要求对它们顶礼膜拜，而在这个年纪，我们英国的男孩和女孩正跪在妈妈的身旁，反复吟诵着那美丽的诗句："我们在天上的父。"

谁家有了疾病或灾难，他们就猜想，这一定是恶鬼造成的。死神不可避免地到来时，他们对圣父在天堂所建的许多大厦中的明亮生活一无所知，一心以为是庙宇中所雕刻的那些面目狰狞的小鬼带着锁链降临，把他们拉到地狱中去审判。

很久很久以前，在英国，我们的祖先也有类似的情况。他们在山顶上、在森林的空地上向偶像乞拜，并用活人献祭。后来，从其他国度来的基督徒为我们的祖先送来了福音的光芒，所以，我们现在也应该将这一光芒传送给仍处于黑暗之中的人们。

如果一个人曾经濒临饿死而被救活，如今在粮仓中囤积着大量谷物，却不愿意救济身旁众多正在挨饿、需要救济的人们，你会怎么说他呢？如果一个人曾经从溺水中被人救起，如今却不愿意紧握那根能救其他落水人的绳子，你又会怎么说他呢？也许你会说，你年纪还小，既没有什么东西可给与，也做不了什么大事。但是你不要忘记，我们的主耶稣在世时努力为5000个挨饿的人提供食物的故事。他并没有要求任何富商大贾开仓放粮，而只是从他身旁站着的一个男孩的篮子中取出了五块面包和两条小鱼，经过他的祈祷和祝福，则产生了充足的食物，解救了众多人的饥饿痛苦。

实际上，一个人能给予的最好礼物就是将自己奉献给圣主在异教徒国土上的事业。我想对我们的男孩和女孩说，这并非不切实际的幻想。大多数在神的保佑下从事传教工作的先生女士们告诉我们，他们都是在非常年轻的时候就希望自己能献身于这项工作，而且在神的帮助下最终决定这样做。据一个大量阅读了这方面材料的先生说，他发现在大多数情况下，这些人开始萌生传教工作的想法时，年龄通常都还不足12岁。神期望每一个基督徒做一些事情。他对每个人说："你们往普天下去，传福音给所有人听。"

在欧洲的一些国家中，按照法律规定，每个男人都必须自愿为自己国家而战。上前线的士兵的空缺是靠抽签来补充的。有时候一个年轻的男人被签抽中，但他的父母却舍不得他离开，他们愿意牺牲任何东西来把孩子留在身边，于是他们花一大笔钱找一个替身代替孩子上战场。

我们不可能花钱购买替身去遥远的异教徒国土为神而战，但是，不言而喻，那些不能亲自去的人应该做出一些牺牲，应该捐出他们最珍贵的东西，使得别的人能被派去为主工作。

上帝不会计较每个人给出多少，却非常明了我们应该能给多少。你们应该还记得，耶稣站在耶路撒冷神庙的银库旁时，他并没有夸奖因为富有而捐出了大笔款项的人，但对那个投入她所有积蓄的两小块钱币的贫穷寡妇却大加赞赏。我无法告诉你们，必须做什么或者应该做什么，来帮助那些为中国孩子送去福音的人们，但如果你们去问耶稣，他一定会告诉你。如果你照着他的话去做，你的生活必将充满欢乐。

而且，当你们的生命走到尽头时，你们也许会在冥河对岸的光明之地遇见你们所帮助过的中国孩子。正是通过你们的帮助，他们得到了基督的关爱，获得了进入天堂的机会。那时候，你们会为自己能做如此之多而由衷喜悦，同时，也会为自己没有竭尽全力付出更多而深感遗憾！为了让更多的人了解我们万人之上的亲爱的圣主，我们还需要付出更多更大的努力！